LA

PHILOSOPHIE DU DROIT

DE HEGEL

RECHERCHES

SUR LES HABITANTS PRIMITIFS DE L'ESPAGNE

A L'AIDE DE LA LANGUE BASQUE

PAR

G. DE HUMBOLDT

Traduit de l'allemand par M. A. MARRAST

1 vol. in-8°.

Paris, Franck, rue Richelieu, 67.

Ouvrage honoré d'une souscription du ministère de l'instruction publique.

IMPRIMERIE L. TOINON ET Ce, A SAINT-GERMAIN.

LA PHILOSOPHIE
DU DROIT
DE HEGEL

ESSAI ANALYTIQUE

PAR

M. A. MARRAST

PROCUREUR IMPÉRIAL
A OLORON-SAINTE-MARIE (BASSES-PYRÉNÉES)

PARIS
E. MAILLET, LIBRAIRE ÉDITEUR
15, RUE TRONCHET, ET 72, BOULEVARD HAUSSMANN
A LA LIBRAIRIE GÉNÉRALE

1869

PREMIÈRE PARTIE

L'IDÉE DU DROIT

Il y a deux sortes de lois : les lois de la nature et les lois sociales. Les lois de la nature doivent être acceptées telles qu'elles sont ; leur raison existe hors de nous; notre acquiescement leur est inutile; nos révoltes ne sauraient les troubler. Au fond elles sont justes ; elles ne nous paraissent parfois ne pas l'être que parce que nous nous en faisons une idée fausse ou incomplète. Toute notre tâche vis-à-vis d'elles consiste à les étudier de plus en plus profondément pour les mieux connaître.

Il n'en est pas entièrement de même relativement aux lois sociales. L'homme, sans doute, les rencontre aussi autour de lui régnantes et en action; mais son esprit ne s'arrête pas toujours à ce qui est donné. Il remarque d'abord qu'elles diffèrent de peuple à peuple, qu'elles paraissent n'avoir rien d'absolu ; souvent aussi sa conscience les repousse. Tout en les subissant, il les juge, et il ne les accepte que si elles répondent à sa raison qu'il prétend y retrouver. De là naît le conflit entre la raison générale, le droit en soi qui s'impose sous la forme de l'autorité, et la raison individuelle qui cherche à faire prévaloir ses exigences.

Ce conflit cesse par la connaissance scientifique du droit.

Cette connaissance présuppose ainsi comme une donnée de fait les législations positives, le droit dans sa réalité extérieure, car sur le droit, la moralité, l'État, la vérité est ancienne. De tout temps elle s'est révélée dans les lois, dans la morale, dans la religion. La raison est assez forte pour se réaliser. Tout ce qui est rationnel est réel, tout ce qui est réel est rationnel, en entendant par réel ce qu'il y a de véritablement permanent et nécessaire dans le monde moral, et en le distinguant de la vaine apparence et de l'accident passager.

La philosophie du droit recherchera donc l'essence et la signification du droit existant, de même que la philosophie de la nature recherche et expose les lois de la nature. Quant à enseigner au monde comment il doit se conduire, pour cela la philosophie vient trop tard. Ce n'est que lorsqu'une période de la vie de l'humanité est parvenue à son terme que la pensée spéculative s'en empare. Alors, la philosophie saisit son pinceau et trace de cette forme disparue une image décolorée. Quand l'oiseau de Minerve a pris son vol, il fait déjà nuit.

La science philosophique du droit a pour objet l'idée du droit, c'est-à-dire la notion du droit et sa réalisation.

La notion (la nature, la virtualité de la chose) et son existence sont deux aspects de la chose, différents, mais inséparables. Le germe n'est pas encore l'arbre, mais il le contient en puissance, et l'arbre ne se développe que selon la nature du germe. — Le corps, de même, exprime l'âme. — L'unité de la notion et de l'existence, du corps et de l'âme est l'*idée*, l'être complet.

L'idée du droit est la liberté, et pour être saisie dans sa vérité doit être reconnue dans sa notion et dans l'existence de sa notion.

La science du droit est une partie de la philosophie.

La philosophie du droit, comme toute investigation philosophique, doit aller de l'abstrait au concret (du simple au composé) et lier tous les éléments du droit par des rapports internes et nécessaires. Elle se gardera donc de débuter par la définition, cette synthèse *à priori; omnis definitio in jure civili periculosa*, disaient les anciens jurisconsultes. Plus, en effet, un droit est susceptible de déterminations diverses et parfois contradictoires, moins il sera possible d'en donner une définition générale. Ainsi, en droit romain, la définition générale de l'homme n'était pas possible, car l'esclave n'était pas compris dans cette définition. Pour d'autres raisons, la définition de la propriété n'était pas moins dangereuse. La définition se déduira donc des cas particuliers et se produira comme résultat.

Le droit est positif par l'autorité qu'il a dans l'État, et cette puissance légale conduit à sa connaissance, c'est-à-dire à la science positive du droit.

Tout système légal de droit n'est que l'application de l'idée générale du droit à un cas particulier, déterminé par le caractère, la religion, la nationalité de chaque peuple, et le degré de son développement historique. De ce que le droit naturel, ou philosophique, fondé sur les principes universels qui dérivent de la raison, diffère du droit positif, il ne faut pas les croire en contradiction l'un avec l'autre. Ils se trouvent plutôt dans le rapport des Institutes aux Pandectes, d'un code énonçant des principes généraux à un recueil de décisions. Il faut se garder aussi de confondre l'explication d'un fait ou d'une institution par les circonstances historiques où ils se sont produits, avec le jugement qu'on doit en porter, et de les croire justifiés parce qu'ils sont compris. Ce serait mettre le relatif à la place de l'absolu, le phénomène extérieur à la place de la nature des choses. La puissance paternelle romaine, les lois atroces contre les débiteurs, l'esclavage, etc., étaient des institutions conséquentes au point de vue du droit romain et tout à fait adaptées aux circonstances. Elles n'en étaient pas moins essentiellement contraires à la raison et à la justice.

Le sol du droit est l'intelligence ; son point de départ est la volonté libre conçue, non comme une faculté individuelle, mais comme l'activité même de l'idée absolue qui se développe comme une seconde nature.

La liberté de la volonté se fera comprendre par une comparaison empruntée à la nature physique. La liberté est l'essence de la volonté, comme la pesanteur est l'essence des corps. On dit que la matière est pesante, mais c'est là s'exprimer improprement, car la matière et la pesanteur ne se trouvent point dans le rapport du sujet à l'attribut. Il faudrait dire plutôt que la matière est la pesanteur même. La volonté sans liberté n'est de même qu'un mot vide, car la liberté ne se réalise que comme vouloir, comme sujet. Il ne faut pas croire que l'homme soit d'un côté voulant, de l'autre pensant, qu'il ait pour ainsi dire la volonté dans une poche, la pensée dans une autre [1]. La volonté n'est qu'une modalité de l'intelligence.

La volonté contient d'abord l'élément de l'indétermination et de la généralité absolue. A ce degré elle ne se donne pas encore de but, elle s'abstrait de toutes choses.

L'homme seul peut ainsi se désintéresser de tout, de sa vie même. Le fakir indou qui renonce à toute activité pour s'absorber dans la contemplation de l'être infini, et qui arrive à ne plus se distinguer de Brahma, offre un exemple historique de cet état de la volonté.

Le second moment de la volonté est celui où elle se détermine. Le moi se distingue alors des objets, se limite et se particularise. Je ne me contente plus de vouloir ; je veux quelque chose, car une volonté qui ne

[1] Dass er in der einen tasche das denken, in der anderen das Wollen habe.

veut rien n'est pas une volonté. Celui qui cherche à accomplir quelque chose de grand, dit Goëthe, doit savoir se borner. Pour se réaliser, la volonté doit donc passer du général au particulier, se limiter. A ce point de vue elle est volonté finie.

La volonté proprement dite, la liberté, est l'unité de ces deux moments, le moi se posant comme déterminé par lui-même, et se sentant libre et infini dans sa détermination parce qu'elle est son acte.

Les déterminations de la volonté lui étant propres, constituent son contenu, son but.

La volonté est d'abord volonté immédiate ou *naturelle*. Elle a pour contenu les instincts, les penchants, les passions par lesquels elle se détermine naturellement. Son contenu n'est pas encore ici le contenu et l'œuvre de sa liberté.

Dans cet état immédiat, la volonté n'est pas encore réellement libre ; elle ne l'est qu'*en soi*, c'est-à-dire virtuellement. De même, un enfant n'est pas encore un homme raisonnable, l'enfant est la possibilité de la raison, comme le germe est la possibilité de l'arbre. C'est à l'activité de l'esprit à créer sa liberté.

La volonté peut suivre tel ou tel penchant, prendre une décision et y renoncer. A ce point de vue elle est libre arbitre, choix arbitraire quant à la satisfaction des penchants.

La plupart des hommes se croient libres quand ils font ce qui leur plaît, mais c'est là le bon plaisir et non la vraie liberté qui n'est autre chose que la conformité de la volonté avec la raison : plus on s'élève dans la vie rationnelle, et plus on est libre. La raison est la grande route faite pour tout le monde. C'est quand il s'en écarte, quand il fait quelque chose d'absurde, que l'homme ordinairement manifeste le plus sa particularité. Devant l'œuvre d'un grand artiste on se dit : *Voilà cé qui doit être.* C'est-à-dire que toute manière a disparu. Phidias n'a pas de manière. Ses créations semblent vivre de leur vie propre. Au contraire, plus un artiste est médiocre, plus on retrouve sa personnalité dans son œuvre.

Les penchants naturels, les instincts, sont avant tout le contenu de la volonté, et ce n'est que la réflexion qui les domine. Mais ces penchants sont actifs par eux-mêmes ; ils se pressent, ils se troublent mutuellement ; ils veulent tous être satisfaits ; si l'on n'en satisfait qu'un seul en négligeant les autres, on se trouve par le fait même dans une situation confuse et troublée, car on fait ainsi l'abandon de sa propre généralité, qui n'est que l'ensemble de tous ces penchants.

Pour juger ces penchants, il faut attendre leur manifestation. Si ces déterminations de la volonté immédiate sont bonnes, l'homme peut être appelé naturellement bon. Dans le cas contraire, il est naturellement méchant. Le christianisme qui enseigne que l'homme est méchant par nature, et ne doit pas se laisser déterminer par l'instinct naturel, est supérieur à toute autre religion, puisqu'il consacre ainsi le principe de liberté. C'est là le sens du péché originel, car sans ce dogme, le christianisme ne serait pas une religion de liberté.

Épurer les penchants, c'est les délivrer de leur forme primitive, changer leur but naturel et leur donner un corps. Ils deviennent alors le système rationnel de la volonté. Considérés à ce point de vue, les penchants sont le contenu de la science du droit qui peut se formuler ainsi : l'homme a l'instinct du droit, de la propriété, de la famille, de la sociabilité, etc.

En tant que la volonté s'efforce de raisonner les penchants, de les harmoniser et de les satisfaire universellement, elle est la *recherche de la félicité*.

Dans la recherche de la félicité, la pensée agit déjà fortement sur la puissance naturelle des instincts, car elle ne se contente pas d'un bonheur momentané ; elle le conçoit comme un ensemble. La pensée s'élève ainsi à la généralité, et réduit tous les instincts à un système. Mais le contenu de la félicité est nécessairement subjectif, puisqu'il dépend du sentiment particulier de chaque homme.

La conscience de soi qui s'élève jusqu'à l'activité de la pensée, n'est autre chose que la volonté qui devient pensée.

La volonté n'est réellement volonté libre que comme intelligence qui pense. Cette conscience de soi, qui se comprend et s'affirme comme être, qui a le sentiment de son unité, de son activité libre, de ses tendances et de ses pouvoirs, est le principe du droit individuel, de la moralité, de la vie sociale et politique.

La volonté qui existe pour soi, la volonté libre, est réellement absolue. Elle est non-seulement la simple possibilité, disposition ou puissance, mais encore l'*infinitum actu*. Elle ne se rapporte qu'à elle-même, ne dépend que d'elle-même.

On peut appeler subjectif tout dessein qui n'est que le dessein d'un sujet déterminé.

Ainsi, une œuvre d'art qui n'est pas conforme à son idée, qui n'est pas belle, sera à bon droit appelée subjective, parce qu'elle n'exprimera que la particularité de l'artiste. Volonté subjective et volonté arbitraire sont des termes à peu près équivalents, car le contenu subjectif appartient au sujet seul, et n'offre pas le caractère général. Les mauvaises actions, à ce point de vue, sont subjectives. La volonté subjective est encore celle qui se prend pour objet, et qui a la puissance de s'isoler de tout autre contenu.

L'objectivité est l'existence extérieure de l'idée. Considérée à ce point de vue, la volonté devient objective lorsque son but a été réalisé. Tout ce qui agit sur la volonté, tout ce qui la sollicite, que ce soit un objet ou une idée, est objectif. On appelle encore volonté objective toute volonté qui, n'ayant point une parfaite conscience de son but, se perd dans la volonté d'autrui; telle est la volonté d'un enfant, d'un homme superstitieux. Mais on entend le plus ordinairement par volonté objective la volonté vraie, la volonté raisonnable. Ainsi la volonté divine, la volonté sociale sont objectives.

La tendance absolue de l'esprit libre est de n'avoir d'autre fin que lui-même, de vouloir la liberté.

Le droit est donc l'existence de la volonté libre, qui ne veut plus servir les penchants, mais se réaliser.

Kant définit le droit : « L'ensemble des conditions sous lesquelles la liberté de chacun peut s'accorder avec la liberté de tous, suivant une loi générale. » Aussi, pour lui, la liberté individuelle est limitée par la liberté d'autrui. C'est le point de vue de Rousseau qui n'envisage la volonté que comme volonté arbitraire de chaque individu comme tel. Pour eux, le droit n'est qu'un principe de restriction ; il n'est pas l'idéal donné par la raison.

Le droit est sacré parce qu'il est la réalisation de la liberté. Le formalisme du droit et plus tard celui du devoir naissent des différents degrés du développement de la liberté. Chacun de ces degrés, le droit personnel, la moralité, la vie sociale, l'intérêt de l'État, amène un droit particulier de plus en plus élevé. Ces droits ne peuvent se trouver en collision que parce qu'ils ont tous ce caractère commun d'être des droits. Si la moralité n'était pas un droit, c'est-à-dire la liberté sous une de ses formes, elle ne pouvait pas entrer en lutte avec le droit de la personnalité, ou avec tout autre. Tous ces degrés du développement de la liberté sont donc essentiellement subordonnés et relatifs. La liberté absolue n'existe que pour l'esprit absolu.

Les degrés principaux du développement de la volonté libre sont :

1° Le droit abstrait (personnel et privé).

2° La moralité, c'est-à-dire la volonté réfléchie en soi.

3° La vie sociale et politique, qui est l'unité et la vérité de ces deux moments.

LE DROIT ABSTRAIT

La volonté libre est d'abord et immédiatement volonté individuelle : *la personne.*

L'esprit qui connaît sa nature, qui se prend lui-même pour objet et pour but, est la personne. La plante est un être organisé. L'animal a la sensation de son existence mais n'en a pas la connaissance. L'homme seul est une personne.

Dans sa personnalité, l'homme se distingue de la nature, se sent libre, illimité par l'intelligence, universel par la raison. La personnalité constitue la capacité juridique. Elle est le fondement du droit abstrait (personnel et privé). Le premier précepte juridique sera donc celui-ci : Sois une personne et respecte les autres comme des personnes.

Dans la personnalité, la liberté générale existe isolée, individualisée. Le droit de la personnalité, le droit strict, n'a pas égard aux intérêts, aux désirs particuliers, à l'intention de la personne. Je puis ici user de mon droit, ou ne pas en user. Il n'est pas nécessaire que j'en use. Le précepte juridique n'est encore qu'un pouvoir de faire, limité seulement par la défense de ne pas léser la personnalité d'autrui, et ce qui en dépend.

Le droit comme existence immédiate est :

1° La propriété. La liberté est ici l'acte d'une volonté unique, le simple rapport de l'individu à lui-même.

2° Le contrat, c'est-à-dire le rapport de volonté à volonté.

3° L'injustice, la volonté différant comme particulière, de ce qu'elle est comme volonté générale ou rationnelle.

La division du droit en droit personnel, droit réel et droit aux actions n'avait sans doute à l'origine d'autre but que de mettre un peu d'ordre dans une matière fort embrouillée. Cette division confond les droits qui dérivent de rapports substantiels, comme la famille et l'État, et ceux qui se rapportent à la simple personnalité. Kant n'a pas échappé à ce reproche dans sa célèbre division des droits en droits réels, droits personnels, et droits personnels d'espèce réelle [1]. Il serait trop long de montrer en détail combien est peu fondée la distinction du droit romain en droit personnel et en droit réel. Le droit aux actions est d'un autre ordre et touche à l'administration de la justice. Il est clair que la personnalité seule donne un droit aux choses, et qu'ainsi le

[1] V. Kant, *Doctrine du droit*, traduction de M. Barni, p. 87.

droit personnel est essentiellement droit réel. D'ailleurs, en droit romain, la personnalité est envisagée comme un état, une condition (*status*) de l'homme libre, par opposition à l'esclave, etc. Le droit personnel à Rome excluait les esclaves, auxquels on peut à peu près assimiler les enfants et les individus frappés de *capitis diminutio*. Chez Kant, les droits du père de famille sont des droits personnels d'espèce réelle.

Le droit personnel romain n'est donc pas le droit de *la personne* comme telle, mais celui d'une personne particulière; nous montrerons plus tard que l'organisation de la famille romaine est la suppression de la personnalité dans son essence.

Avant de traiter du droit de telle personne particulière déterminée, il faut s'occuper du droit universel de la personnalité.

I

LA PROPRIÉTÉ

La personne libre trouve son existence extérieure dans la propriété. Par la propriété, la chose est reconnue pour ce qu'elle est en soi, c'est-à-dire pour un être qui ne subsiste pas pour lui-même, qui n'a ni droit, ni liberté, ni personnalité, qui n'a d'autre signification que de constituer la réalité de la volonté libre.

Les capacités intellectuelles (sciences, arts, découvertes) font partie de la vie intérieure de l'individu, et en ce sens ne doivent pas être considérées comme des choses. Mais dès que l'homme leur a donné une existence extérieure en les manifestant, elles peuvent être aliénées, comme nous l'expliquerons, et prennent alors le caractère de choses.

La personne a le droit de mettre sa volonté dans chaque chose, qui par là devient *sienne;* la volonté se réalise ainsi par le droit absolu d'appropriation de l'homme sur toutes choses. Ce n'est qu'aux yeux de l'imagination que tout ce qui est extérieur à l'homme, tout ce qui n'est point personne, possède une existence propre et pour soi. L'homme marque les choses de sa libre volonté. Il indique ainsi qu'elles ne sont pas leur propre but à elles-mêmes. Il les élève à lui en leur donnant une existence nouvelle; il y met son âme.

C'est le besoin, le désir, le hasard des circonstances qui poussent l'homme à s'emparer des choses. Voilà, en fait, la raison de la possession; puis la volonté se réalise dans la chose et donne à l'appropriation un caractère juridique; c'est là la propriété.

La propriété n'étant que l'extension de la personnalité, est nécessairement propriété privée, individuelle. Tous ces plans de vie fraternelle, avec communauté des biens et abolition du principe de la propriété privée, méconnaissent, comme le fit Platon dans sa République, la liberté de l'esprit et du droit. Épicure fit observer avec beaucoup de raison à ses amis qui se proposaient de mettre leurs biens en commun pour vivre ensemble, qu'une pareille mesure indiquait la méfiance, et que, puisqu'ils se méfiaient les uns des autres, ils n'étaient pas de vrais amis.

Les lois agraires, à Rome, contenaient un conflit entre les deux modes de propriété des terres (commune ou privée). La propriété privée dut l'emporter, car son droit était plus élevé, bien qu'il lésât un autre droit.

La propriété fidéi-commissaire rencontre aussi pour adversaire la personnalité et par là la propriété privée. L'État, sans doute, peut créer des exceptions à ce grand principe, mais les propriétés communes (mainmorte, etc.) sont essentiellement dissolubles et susceptibles d'être ramenées à la propriété individuelle. C'est ce qu'on a vu souvent à notre époque, où plusieurs gouvernements ont pris l'initiative de la suppression des couvents, montrant ainsi qu'une communauté, un être moral, n'a pas un droit aussi complet à la propriété qu'une personne.

Comme individualité immédiate, comme personne, je ne conserve ma vie, je ne possède mon corps qu'autant que je le veux. Les animaux ne peuvent sciemment se mutiler ou se détruire; l'homme le peut. Ils ont sans doute la possession d'eux-mêmes; leur âme est en possession de leur corps, mais ils n'ont aucun droit sur leur vie, parce qu'ils ne peuvent pas vouloir l'avoir.

L'âme humaine peut sans doute se recueillir en elle-même et se sentir libre dans un corps asservi. Mais je ne suis libre ainsi que pour moi ; pour les autres j'existe dans mon corps, et je ne suis libre vis-à-vis d'eux que si je le suis dans mon existence corporelle. Toute violence faite à mon corps est donc une violence faite à moi.

De là la différence entre la violence faite à ma personne et le dommage causé à ma propriété extérieure ; la violence me touche personnellement et présentement, tandis que dans le second cas ma volonté ne se trouve pas réellement et immédiatement présente.

La propriété est une détermination nécessaire de l'idée du droit, et par suite une condition essentielle de la vie sociale. Il est donc rationnel que par rapport aux choses extérieures, l'homme possède une propriété. Mais ce sont les circonstances, le travail, la capacité, le besoin, l'accident, qui décident de la quantité et de la qualité de la propriété de chaque homme pris individuellement. Il est nécessaire qu'il y ait des propriétaires ; il ne l'est pas que tous les individus possèdent, ou que tel ou tel individu possède. Cela n'est que secondaire et relatif, bien qu'il soit socialement très-moral que chaque homme trouve à satisfaire ses besoins, comme nous le verrons dans la sphère de la société civile.

Il ne faut donc pas accuser la nature d'injustice si la répartition de la propriété n'a pas lieu d'une manière égale, car la nature n'étant pas libre, ne peut être ni juste ni injuste. Il ne faut pas davantage en accuser la société, puisqu'une égalité de biens factice serait tout aussitôt détruite par les différences de capacité, d'intelligence, de vertu qui existent entre les hommes. Ces hommes peuvent tous acquérir de la propriété. Ils sont donc virtuellement égaux quant à leur manière d'acquérir la propriété, c'est-à-dire en tant que personnes, et lorsqu'on parle d'égalité, c'est celle-là seulement qu'il faut avoir en vue.

Il suit évidemment de ce qui précède que le premier possesseur d'une chose en devient aussi le propriétaire, non pas en sa qualité de premier possesseur, mais parce qu'il représente la volonté libre, la personnalité.

Vouloir prendre une chose ne suffit point ; il faut encore en prendre possession, car vouloir la chose n'est qu'une idée ; la prise de possession en est la réalisation qui rend l'acte de ma volonté manifeste pour autrui.

La prise de possession fait de la matière de la chose une chose à moi, ma propriété, car la matière n'existe pas pour soi, ne se possède pas elle-même. L'appropriation des choses s'opère d'une infinité de façons. Les éléments (l'air, l'eau, la terre, etc.) ne sont pas susceptibles, comme tels, de devenir l'objet de la propriété individuelle, car la personne étant individualité ne peut entrer en rapport qu'avec d'autres individualités. Pour que l'homme se l'approprie, l'élément devra prendre la forme individuelle (une aspiration d'air, une gorgée d'eau, etc.).

Fichte a posé la question de savoir si la matière que je transforme m'appartient. D'après lui, il serait permis à un autre de s'emparer du métal qui constitue la coupe d'or que j'ai façonnée, pourvu que mon travail fût respecté. Mais c'est là une vaine subtilité. Comment, en effet, séparer autrement qu'en imagination la matière du travail?

La matière est inséparable de la forme; elle n'est *quelque chose* que par sa forme. Plus l'homme s'approprie cette forme, plus il entre en possession réelle de la chose. Manger, par exemple, c'est changer entièrement la nature de l'aliment. Mais ce que l'homme peut le plus s'approprier, c'est son corps et son esprit en les transformant par l'éducation physique et intellectuelle.

La propriété est déterminée par les rapports de la volonté à la chose, c'est-à-dire :

1° Par la prise de possession;

2° Par l'usage;

3° Par l'aliénation où se manifeste le droit absolu de la volonté sur la chose.

La prise de possession s'effectue de trois manières :

1° Par la saisie immédiate et corporelle;

2° Par la formation;

3° Par une simple désignation.

Ces trois modes de prise de possession ne sont autre chose que la progression du simple au composé.

La saisie immédiate et corporelle est la manifestation la plus complète de la prise de possession, parce que, étant présent, ma volonté y est manifeste. Mais elle est seulement subjective, temporaire, et par son domaine ainsi que par la nature des objets saisis, elle est très-limitée, puisqu'elle ne s'effectue que sur les objets que mon corps touche et que mes mains peuvent étreindre. Il arrive souvent que le volume de l'objet saisi dépasse la capacité physique de l'étreinte de mes mains; alors la prise de possession s'effectue seulement parce que j'ai touché l'objet à prendre en y imprimant ma volonté.

La prise de possession est susceptible d'une plus grande étendue, en ce sens qu'elle s'applique également aux accessoires de la chose saisie. La raison veut, en effet, que je possède non-seulement ce que j'ai saisi, mais tout ce qui en dépend. C'est le droit positif qui fixe uniformément ces accessoires.

Dans la formation, la chose subit par mon fait une modification qui la rend mienne. C'est la prise de possession la plus conforme à l'idée, car elle réunit la subjectivité et l'objectivité.

La formation prend les formes les plus diverses. Lorsque je travaille un champ, lorsque je façonne un objet, il y a formation directe. Cependant, pour les choses inorganiques, la formation n'est pas toujours directe. Ainsi, lorsque je construis un moulin à vent, je ne forme pas le vent, mais j'ai employé une forme pour l'utiliser. On ne peut donc pas contester mon droit sous prétexte que le vent ne porte pas l'empreinte de ma volonté. Par rapport aux choses organiques, la formation devient assimilation. Ainsi, par exemple, la culture des plantes, l'élève du bétail, l'action de dresser un animal sauvage.

L'homme prend essentiellement possession de lui-même en exerçant son corps et en cultivant son esprit. Il acquiert ainsi la pleine conscience de sa liberté. On explique l'esclavage par la supériorité physique ou intellectuelle, par le droit de la guerre, par le consentement de l'esclave lui-même à sa condition servile, etc. Aucune de ces considérations historiques, puisées dans un passé où l'état de nature subsistait encore en partie, où l'injustice était légale, ne saurait légitimer l'esclavage et le despotisme, puisque l'homme est libre par essence. Il dépend de lui de ne pas consentir à l'esclavage et à l'oppression, qui sont surtout la faute de ceux qui les subissent.

La prise de possession par désignation s'effectue au moyen d'un signe qui manifeste hautement que la volonté y réside.

La prise de possession par désignation est la plus parfaite de toutes, car les autres manières de prendre possession ont plus ou moins l'effet du signe. Quand je saisis une chose, quand je la forme, ces actes indiquent aussi à autrui que je me l'approprie, que j'y dépose ma volonté. L'essence du signe est de perdre sa nature propre pour ne plus exprimer qu'une idée. Ainsi, la cocarde, les couleurs nationales. L'homme en créant un signe et en acquérant les choses par ce signe, montre sa domination sur la nature.

L'usage est la réalisation du besoin par le changement, la consommation, la destruction de la chose, dont la nature relative se manifeste ainsi.

La propriété se réalisant par l'usage, il semblerait qu'on pût en conclure qu'une propriété dont on n'use point n'est point une propriété. Il n'en est pas ainsi cependant, car la volonté du propriétaire de faire la chose sienne est le fondement de son droit, et l'usage n'est qu'un rapport postérieur, une manifestation particulière de ce droit.

Le rapport de l'usage à la propriété est le même que celui de la substance aux accidents, de la virtualité à l'actualité, de la force à sa manifestation. La force n'est force qu'en tant qu'elle se manifeste. Un champ n'est un champ qu'en tant qu'il donne un produit.

On ne peut séparer de la propriété de la chose qu'un usage ou une possession partiels ou temporaires. La propriété est donc essentiellement propriété libre et pleine.

Séparer le droit à l'usage entier, complet de la chose, du droit à la propriété nue, abstraite, de cette même chose, c'est méconnaître l'unité de la volonté personnelle et de sa réalisation dans la propriété, pour poser à part chacun de ces éléments. Il est dit dans les Institutes (lib. II, tit. IV) : *Ususfructus est jus alienis rebus utendi, fruendi, salvâ rerum substantiâ;* et plus loin : *ne tamen in universum* inutiles *essent proprietates* semper *abscedente usufructu : placuit certis modis extingui usumfructum et ad proprietatem reverti.....* Il est évident, en effet, qu'une propriété dont l'usufruit serait éternellement séparé ne serait plus une propriété. Les autres distinctions de la propriété, en *res mancipi* et *nec mancipi*, en domaine quiritaire et bonitaire, ne se rapportent pas à la notion de la propriété, et ne sont que des particularités historiques du droit romain. L'emphythéose, le fief avec ses charges héréditaires et perpétuelles, nous montrent le domaine direct revêtant en même temps le caractère de domaine utile. Sans les charges perpétuelles et non rachetables, il n'y aurait pas deux maîtres (*domini*), mais un propriétaire et un maître abstrait. Par l'existence des charges, il y a deux propriétaires en rapport l'un avec l'autre, mais il n'y a point de propriété commune.

Il y aura bientôt deux mille ans que la liberté de la personne a été proclamée par le christianisme. Elle n'est cependant encore acceptée que par une portion relativement peu nombreuse de la race humaine. Le principe de la liberté de la propriété n'est pour ainsi dire admis que d'hier. Ce long temps que nécessite chaque développement de l'esprit, devrait guérir les réformateurs de leur impatience.

Dans l'usage, la chose est une chose particulière déterminée par sa nature et sa quantité et en rapport avec un besoin spécifique. L'usage que l'on peut en tirer est donc comparable à l'usage que l'on peut tirer d'autres choses de la même nature, ou de nature différente servant à la satisfaction d'autres besoins. Ce côté général et abstrait de la chose est sa *valeur*, qui est représentée par l'argent. La qualité se perd ici dans la quantité, car au point de vue de la valeur, la chose n'est plus pour ainsi dire qu'un signe qui indique ce qu'elle vaut. Le propriétaire absolu de la chose est propriétaire de l'usage et de la valeur de la chose. L'usufruitier n'est propriétaire que de l'usage. On peut être propriétaire d'une chose sans être en même temps propriétaire de sa valeur. Une famille qui ne peut ni vendre ni hypothéquer son bien, n'est pas propriétaire de sa valeur.

C'est la présence de la volonté dans la chose qui fonde la propriété. La propriété pourra donc se perdre où s'acquérir par la prescription.

La prescription n'est pas simplement un expédient destiné à trancher les contestations élevées par des droits anciens contre une propriété récente. Elle se fonde sur la nécessité pour le propriétaire de manifester sa volonté de posséder, par l'usage et par la conservation de la chose. Les monuments publics eux-mêmes, s'ils ne sont plus considérés par les peuples comme l'expression de leur génie et de leur nationalité, cessent d'être propriétés nationales pour retomber dans la propriété privée.

C'est le sort des monuments grecs, égyptiens, etc., épars dans l'empire ottoman. Le droit de propriété de la famille d'un auteur sur ses ouvrages, se prescrit aussi, mais tout différemment. Dans ce cas, les œuvres de l'esprit deviennent peu à peu la propriété de tous [1].

L'homme peut renoncer à sa propriété, puisqu'elle n'est sienne qu'autant qu'il y a déposé sa volonté.

Mais l'homme ne peut renoncer qu'aux choses qui lui sont extérieures. Ainsi, sa liberté, sa moralité, qui sont l'essence de sa personnalité, sont inaliénables et imprescriptibles.

Je puis aliéner en faveur d'autrui pour un temps limité, une partie de mon activité, quelques-unes de mes capacités physiques ou intellectuelles, parce que par cette limitation elles conservent encore un rapport extérieur à ma totalité, à moi. Mais je ne saurais aliéner pour toujours mon activité entière en faveur d'autrui, sans faire de ma personnalité la chose d'autrui, puisque la totalité des manifestations d'une force est la force elle-même.

[1] Malgré son antipathie peu déguisée pour le droit romain, partagée par beaucoup de jurisconsultes allemands, Hegel ne repousse pas la prescription, qu'un de ses disciples devait stigmatiser dans ces termes violents :

« Le Romain était à la fois soldat et jurisconsulte, et il savait » légaliser par sa faconde et par les ruses du barreau le butin » conquis par la force brutale. Il n'y avait qu'un peuple de bri- » gands et d'avocats casuistes qui fût capable d'inventer la pres- » cription, et de la consacrer dans le Code civil du droit romain, » dans ce livre inique, cruel et infernal, qu'on serait tenté » d'appeler *la Bible de Satan*. Il faut noter comme un trait remar- » quable la répugnance avec laquelle le vieux droit germanique » stigmatise la prescription. Dans la bouche du paysan bas- » saxon vit encore de nos jours ce bel et touchant dicton : » Cent ans d'usurpation ne font pas un an de droit. (*Hundert* » *iahr unrecht machen nicht ein iahr recht*). » (H. Heine, de l'Allemagne, t. II, p. 318.)

Là se trouve la différence entre l'esclave antique et le serviteur ou journalier dans la société moderne. L'esclave athénien était peut-être moins assujetti, occupé à un travail plus intellectuel que nos serviteurs. Il était pourtant esclave, parce qu'il avait aliéné au profit du maître son activité tout entière.

L'esclave a donc le droit absolu de travailler à se rendre libre. De même, tout engagement que prendrait l'homme de commettre un crime, de renoncer à l'exercice de sa raison, de sa conscience, de sa liberté religieuse est nul en soi, et n'oblige pas celui qui l'a contracté.

Dans les œuvres d'art, l'expression de la pensée sous une forme plastique (pierres, couleurs) constitue la faculté intellectuelle et technique de l'artiste, est le propre de l'artiste.

Au contraire, la forme au moyen de laquelle l'œuvre littéraire devient chose extérieure (impression, publication) n'est pas une création. Il en est de même de l'invention d'un appareil technique ou de la confection d'un objet purement mécanique. Il n'y a là qu'adresse, dextérité. En un mot l'artiste n'est pas un ouvrier, bien que les œuvres de l'art et les productions mécaniques revêtent toujours plus ou moins le caractère les unes des autres.

L'acquéreur d'une œuvre d'art, d'une machine, d'un livre, devenu propriétaire de l'exemplaire acquis, devrait, ce semble, pouvoir en user comme il lui convient et multiplier cet exemplaire. Pourtant l'artiste, l'auteur du livre, l'inventeur de la machine, restent propriétaires de leur idée, car en cédant un exemplaire ils n'ont pas renoncé (à moins qu'ils ne l'aient stipulé formellement) à leur idée et au droit de la manifester extérieurement. Ce n'est pas là, à proprement parler, une *propriété*, mais une puissance, une faculté qu'ils se réservent.

L'inventeur, l'artiste, l'auteur, doivent donc être protégés contre la contrefaçon. Mais ici, les difficultés sont grandes, surtout en matière d'œuvres littéraires et scientifiques. L'idée conçue et mise au jour par une intelligence se communique immédiatement aux autres intelligences par une sorte de contact électrique. Une fois saisie, assimilée par elles, ne leur appartient-elle pas aussi ? De plus, le plagiat est dans bien des cas extrêmement facile. Quelques modifications dans la forme, de légers perfectionnements, permettent trop souvent de reproduire en échappant aux lois répressives, des travaux importants, et de frustrer leur auteur d'un gain légitime. Aussi, le plagiat devrait-il être considéré comme un fait qui touche à l'honneur et être traité comme tel.

La totalité de l'activité, la vie n'est, par rapport à la personnalité, rien d'extérieur. L'individu n'a donc pas le droit de s'ôter la vie, bien que la société, le tout moral dont il fait partie, puisse exiger qu'il la sacrifie à son service. Il y a contradiction à ce que la personne possède ce droit absolu sur elle-même, puisse se juger elle-même. On peut admirer Hercule montant sur son bûcher, Brutus se précipitant sur son épée pour s'affranchir de sa personnalité; mais s'il s'agit du droit de se donner la mort, ce droit doit être refusé, même aux héros.

Dès que la volonté prend pour objet les choses qui appartiennent à autrui, elle se trouve en rapport avec la volonté des autres personnes. La propriété ne peut passer d'une personne à une autre que de leur consentement mutuel, par l'accord de leurs volontés, le contrat.

II

LE CONTRAT

Dans le contrat, la propriété n'est pas acquise par une volonté unique, mais par la médiation d'une autre volonté, c'est-à-dire par une volonté commune. Il est de l'intérêt de la raison que la volonté subjective devienne volonté générale et arrive à se réaliser. Dans la sphère du contrat la volonté générale n'est encore que la volonté commune, identique, résultant de la volonté arbitraire des contractants.

L'État a été souvent défini le contrat de tous avec

tous, ou le contrat de tous avec le prince. Cette définition n'est pas conforme à la notion du contrat. C'est, en effet, la volonté arbitraire des stipulants qui devient volonté commune dans le contrat, et prend pour objet une chose individuelle extérieure, car ce n'est qu'une chose de ce genre qui peut être aliénée. Le point de départ n'est donc ici que le bon vouloir des contractants. Le mariage, assimilé de même à tort à un contrat par certains auteurs, comme nous le verrons plus tard, n'en a point d'autre. Il en est tout autrement quant à l'État, car l'individu ne peut à son gré s'en séparer lorsqu'il en fait partie, bien que l'État puisse l'y autoriser. La raison veut que l'homme vive dans l'État, et là où l'État n'est pas encore organisé, la raison réclame cette organisation. Ce n'est donc pas la volonté arbitraire de tous qui a fondé l'État, puisqu'il est nécessaire pour tous que l'État existe.

Le contrat est réel lorsque chacun des contractants aliène et acquiert une chose (contrat à titre onéreux). Il est formel lorsque l'un des contractants seulement aliène ou acquiert une chose (contrat à titre gratuit).

Dans le contrat réel, chacun acquérant et cédant à la fois une propriété, doit se retrouver le *même propriétaire*, c'est-à-dire propriétaire de la même valeur. De là, la rescision pour cause de lésion trop considérable. La lésion est absolue si le contrat a pour objet une chose inaliénable.

La différence de la propriété et de la possession

devient dans le contrat la différence de la volonté commune comme accord, et de sa réalisation comme accomplissement. Cet accord effectué s'exprime dans la stipulation par les gestes, les actions symboliques, les paroles, etc. Il est de l'essence du contrat que la volonté commune se manifeste aussi bien que la volonté particulière. L'accord, qui se révèle par un signe, et l'exécution sont séparés chez les nations civilisées. Au contraire, ils peuvent, chez les peuples encore incultes, être indistincts. Dans les forêts de Ceylan habitent des sauvages qui, pour échanger leurs produits, les déposent près d'eux, attendant tranquillement que d'autres hommes viennent y déposer les leurs. Ici, la manifestation muette de la volonté ne se distingue pas de l'exécution.

La stipulation n'est qu'un moment du contrat. Elle révèle la résolution du contractant d'aliéner la chose, de cesser *dores et déjà* de la considérer comme sienne, pour la reconnaître comme la propriété d'autrui. Je suis donc juridiquement obligé à l'accomplissement par la stipulation. La distinction du droit romain entre *pactum* et *contractus* est erronée.

Fichte a soutenu que l'obligation d'exécuter le contrat ne commence pour moi que lorsque l'autre contractant a commencé lui-même à l'exécuter, car jusque-là je ne suis pas certain de son intention.

L'obligation avant l'exécution serait donc, d'après Fichte, morale mais non juridique. Il ne s'agit pourtant pas de savoir si le contractant n'était pas sincère, ou s'il a cessé de l'être, puisqu'il est certain qu'il peut toujours être injuste, même après l'exécution commencée. Ce qu'il faut rechercher, c'est s'il en a le droit. Or, après les formalités de la stipulation (paroles, gestes, etc.), sa volonté s'est pleinement manifestée, et l'exécution en est la conséquence juridique.

Peu importe que le droit positif admette, par opposition aux contrats consensuels, des contrats réels dans ce sens qu'ils ne sont parfaits que par la tradition, (*res*, *traditio rei*). Certains contrats (le louage, le prêt, le dépôt) nécessitent, il est vrai, que pour les accomplir, la chose soit remise entre mes mains, mais cette circonstance particulière ne touche pas à la nature du rapport de la stipulation à l'exécution. C'est un mode d'exécution spécial. D'un autre côté, il est loisible aux parties de stipuler que l'une d'elles ne sera pas obligée à l'exécution en vertu du contrat comme tel, mais seulement lorsque l'autre aura elle-même commencé à exécuter.

La division des contrats ne doit pas être basée sur des circonstances extérieures, mais sur leur nature propre. Les contrats diffèrent en ce qu'ils sont formels ou réels et qu'ils ont pour objet la propriété, la possession, l'usage ou la valeur d'une chose. L'ancienne division en contrats réels et consensuels, nommés et innommés, doit être tout à fait abandonnée.

Nous distinguerons trois espèces de contrats :

1° Les contrats à titre gratuit comprenant :

La donation ;

Le prêt gratuit d'une chose (*commodatum*). Ici le prêteur reste propriétaire de la chose ;

La conservation d'une chose confiée (*depositum*). La donation par testament ne rentre pas dans l'idée du contrat, mais présuppose la société civile et une législation positive.

2° Les contrats à titre onéreux, comprenant :

L'échange proprement dit ;

L'achat ou la vente (*emtio, venditio*), c'est-à-dire l'échange d'une chose contre la mesure universelle de la valeur, l'argent.

Le louage (*locatio, conductio*), c'est-à-dire l'abandon de l'usage temporaire d'une chose contre argent, ou contre toute autre valeur (louage proprement dit), ou le prêt de consommation (*mutuum*) ou *commodatum* avec loyer.

Le louage d'ouvrage (*locatio operæ*), qui s'applique soit à un travail purement physique, soit à un travail intellectuel. Ce contrat a de l'affinité avec le mandat et avec d'autres contrats dont l'accomplissement dépend du caractère, du talent d'un individu, de la confiance qu'il inspire. Le prix du travail ne peut ici être évalué d'une manière uniforme. Il n'a plus le caractère de salaire, mais d'*honoraires*.

3° La garantie d'un contrat par le gage (*cautio*).

Quand j'aliène par contrat l'utilité d'une chose, je ne

suis plus en possession, mais je suis encore propriétaire. Si j'achète, si j'échange, ou si je reçois une donation, je deviens propriétaire, mais je puis n'être pas encore mis en possession.

Le gage n'est donc pas un contrat, mais une stipulation qui complète le contrat en garantissant la possession de la chose. La caution, l'hypothèque en sont les formes particulières. Un mode spécial du gage est la caution par laquelle un autre garantit mon obligation par sa parole et son crédit. C'est la personne qui opère ici ce que la chose accomplit dans le gage.

Le contrat est le rapport de deux volontés qui deviennent volonté commune. Mais l'exécution du contrat dépend de la volonté particulière qui peut se trouver différente. Cette négation du droit est l'injustice.

III

L'INJUSTICE

Le droit en soi, la volonté générale, en se déterminant comme volonté particulière, se trouve en rapport avec l'inessentiel, puisque la volonté particulière peut être contraire au droit. C'est le rapport de l'essence au phénomène. La fausse réalité, le phénomène qui n'est pas conforme à sa loi, se réduit à une *apparence* sans raison et sans vérité. Dans la sphère du droit, l'injustice est cette apparence, ce phénomène sans réalité véritable qui ne se produit que pour disparaître et montrer ainsi la force et la valeur du droit.

Le non-droit, l'injustice se développe à des degrés différents par des négations de plus en plus fortes du droit. Ces négations peuvent se ramener à trois :

1° Le tort naïf;

2° La fraude;

3° La violence ou le crime.

Le tort naïf est l'apparence du droit soutenue de bonne foi. C'est une négation simple dans laquelle je prends mon non-droit pour le droit, mais en m'étayant de motifs qui me paraissent juridiques. Dans la collision qui s'engendre et que les tribunaux civils doivent juger, ce n'est pas le droit en soi, l'universel qui est contesté, mais seulement la volonté particulière de l'adversaire. De même, lorsque je dis qu'une rose n'est point rouge, je reconnais pourtant par là qu'elle a une couleur ; je ne méconnais pas le genre ; je nie seulement le particulier, le rouge.

Lorsque la volonté ne respecte que l'apparence extérieure du droit, il y a fraude.

A ce second degré de l'injustice la volonté particulière est encore reconnue, mais le droit universel ne l'est plus. Je ne conteste pas à celui que je veux tromper, son droit. Je cherche seulement à rendre ce droit illusoire.

Aucune peine n'est édictée contre le tort naïf, qui n'a rien voulu contre le droit. Avec la fraude, la pénalité commence, car le droit est lésé sciemment.

Il y a crime ou violence lorsque ni le droit en soi, ni l'apparence du droit ne sont respectés. — Le crime et la violence empêchant la manifestation de la volonté libre sont essentiellement contraires au droit, injustes.

L'état de nature est un état de violence d'où la volonté a le droit de sortir par sa libre détermination qui s'oppose aux déterminations naturelles. A ce titre la contrainte exercée sur l'enfant par la famille et par l'école, sur l'homme inculte et farouche par la force sociale, est légitime.

Définir de prime abord le droit abstrait ou droit strict, comme un droit qui emporte la contrainte, c'est envisager une conséquence qui ne se produit que par la répression de l'acte qui a violé ce droit.

Le crime est une décision absolue par laquelle la volonté individuelle se substitue à la volonté générale ou rationnelle. La réaction contre le crime de la part de l'offensé est la vengeance qui étant elle-même le fait d'une volonté individuelle qui cherche à satisfaire un intérêt particulier, est une nouvelle violation du droit. Cette violation en appelle une autre, et cela n'a point de fin. Chez les peuples barbares (Arabes, etc.) la *vendetta* est éternelle.

Le crime est une existence extérieure nulle en soi, puisqu'elle supprime le droit. Mais le droit, étant absolu, ne peut être supprimé. Il faut donc qu'un troisième jugement coercitif et désintéressé, n'émanant pas de l'offensé, vienne rétablir le droit, et manifester l'essence du crime, c'est-à-dire sa nullité. Ce troisième terme est la *peine* qui se produit comme négation de la négation, comme l'unité de la loi et de la faute.

Le rétablissement du droit a lieu, quant à la propriété, par les dommages-intérêts.

Chaque crime devant être réprimé, des déterminations positives en matière de pénalité sont nécessaires. Les progrès de la civilisation ont adouci les peines, qui sont aujourd'hui bien moins rigoureuses qu'il y a cent ans. Ce ne sont pourtant ni les crimes ni les peines qui sont changés, mais leur rapport.

La lésion de la liberté par le crime et la violence, peut s'effectuer très-diversement. Elle peut être absolue (par l'assassinat, l'esclavage, la persécution religieuse) : elle peut n'être que partielle. De là des degrés dans le crime et dans la peine. Le stoïcisme qui ne reconnaissait qu'un vice et une vertu, la législation draconienne qui punissait de mort tous les crimes, la férocité du point d'honneur qui se sent infiniment atteint par le moindre outrage, ne s'arrêtent qu'à un point de vue abstrait, et méconnaissent les exigences de la réalité.

La théorie de la peine est une des plus controversées à notre époque. Si l'on considère la peine comme un mal que la loi inflige, il pourra paraître déraisonnable de réparer un mal par un mal. (Voir Klein, *Principes du droit pénal*, § 5.) Ce caractère superficiel d'être un mal, attribué à la peine, est présupposé par les diverses théories pénales de la prévention, de l'intimidation, de l'amélioration, etc. Il ne serait pas plus raisonnable de considérer la peine comme un bien. Il ne s'agit pas ici de faire du bien ou du mal au coupable, mais seulement de justice et d'injustice. Le crime n'est pas à supprimer comme cause d'un mal, mais comme lésion du droit. Prétendre que le coupable doit être puni pour servir d'exemple aux autres, ou pour qu'il se corrige, etc., c'est fausser la notion de pénalité en lui donnant pour principe des conséquences purement extérieures. Le coupable doit être puni parce qu'il a violé la loi, quelles que soient du reste les conséquences possibles de la peine, conséquences qui sont loin d'être indifférentes et dont le législateur devra se préoccuper, mais sans en faire le principe du droit pénal.

La théorie de Feuerbach base la peine sur l'intimidation. D'après lui, le législateur doit écarter le désir mauvais par la perspective d'un peine plus puissante que ce désir, et opérer ainsi une contrainte psychologique. Cette manière de voir prête à des dissertations sans fin, puisque les penchants vers le bien et le mal étant de puissance inégale chez les divers individus, il faudrait établir pour chaque homme une pénalité particulière. Ce ne serait pas là d'ailleurs traiter l'homme comme un être libre, mais comme un chien sur lequel on tient le bâton levé. La contrainte psychologique ne considère donc que la différence qualitative et quantitative du crime, et non sa nature en elle-même. Aussi, les codes établis d'après ce principe ne reposent sur aucune base durable.

Non-seulement la peine est le droit de la volonté générale, mais de plus, elle est posée dans l'acte du coupable, dans sa volonté réalisée. La peine est donc aussi le droit du coupable, puisqu'elle le fait revenir à son état normal, qui est la justice. Par là, le coupable est honoré comme un être raisonnable.

Beccaria conteste à l'État le droit de punir de mort, parce qu'il ne peut être présumé que dans le contrat social primitif, les individus aient accepté un pareil droit. A cela il faut répondre que l'État n'est pas un contrat, et n'a pas pour destination essentielle la protection de l'existence de chaque individu comme tel. Bien plus, par la guerre, etc., il en exige souvent le sacrifice. Beccaria a raison de dire que l'homme doit consentir à la peine; mais le coupable, par le crime seul, donne ce consentement. On peut dire que la peine est l'autre moitié du crime.

Les idées de Beccaria ont cependant produit d'heureux effets. La peine de mort n'a pas été abolie, mais les gouvernements ont examiné avec un soin plus scrupuleux les cas auxquels elle est applicable. C'est ainsi qu'elle est généralement appliquée comme elle doit l'être, c'est-à-dire rarement.

La suppression du crime par la lésion de la lésion, la peine, doit être proportionnée au crime, qui étant l'expression d'une volonté nulle en soi, ne peut être supprimé que par un terme *égal* à lui-même. Le sentiment universel des peuples et des individus réclame cette égalité entre le crime et le châtiment, la loi du talion. Ce n'est évidemment pas d'une égalité *spécifique* qu'il s'agit ici. Ce n'est pas la forme extérieure de la peine qui doit être tout à fait identique au mal commis par le criminel (œil pour œil, dent pour dent, etc.); le châtiment doit avoir la même *valeur* que l'offense, mais dans sa forme et dans son application, être adapté à l'individu et aux circonstances. Il est un cas cependant où l'égalité entre le crime et le châtiment doit être spécifique; c'est l'assassinat. La mort est ici le seul châtiment qui soit proportionné au crime.

Les crimes ne diffèrent pas seulement de degré, mais parfois de nature. Ils sont tous cependant comparables entre eux en ce sens qu'ils ont tous le caractère de lésions du droit.

C'est donc de la notion du crime que découle la nécessité de la loi du talion. La *vengeance m'appartient!* dit Dieu dans la Bible. Les Euménides dorment, mais le crime les réveille (Eschyle, *Orestie*).

Lorsque les crimes ne sont pas poursuivis comme publics, mais comme offenses privées (ainsi chez les Juifs, chez les Romains pour le vol, en Angleterre pour certains cas), la pénalité présente encore certains des caractères de la vengeance, puisque la répression par la justice dépend de l'individu lésé.

Dans le droit personnel et privé, la volonté libre s'est donné une existence extérieure. A un degré supérieur de détermination, elle doit revenir à elle-même, se prendre pour objet. Ce rapport à soi constitue la sphère de la moralité.

DEUXIÈME PARTIE

LA MORALITÉ

Dans la sphère du droit strict, l'individu libre n'est qu'une personne. Dans la sphère supérieure de la moralité, il est déterminé comme volonté réfléchie, comme sujet.

Ce n'est que dans la volonté subjective que la liberté, c'est-à-dire la volonté rationnelle, peut se réaliser.

Le droit strict n'a pas égard aux principes qui gouvernent l'homme, ni à l'intention qui l'anime. La morale, au contraire, juge l'homme d'après l'acte intérieur et inaccessible de sa volonté. Le point de vue moral est donc celui de la liberté proprement dite.

La volonté subjective immédiate est limitée, partielle, susceptible de recevoir n'importe quel contenu. Elle n'est pas encore identique avec la volonté objective ou rationnelle. Ses déterminations ne sont pas encore réalisées ; elles *doivent* l'être, mais elles ne le seront que dans la vie sociale.

La volonté subjective contient donc l'opposition entre le général et le particulier, ainsi que l'activité qui cherche à détruire cette opposition. Comme unité de ces moments, elle est le but qui, même réalisé, reste toujours *sien*, et qui peut être ou ne pas être conforme au droit en soi, à la raison.

La loi défend. L'action strictement légale a un rapport négatif à la volonté des autres. Le contrat et l'injustice manifestent un commencement de ce rapport avec la volonté d'autrui, mais l'accord établi par le contrat ne se fonde que sur la volonté arbitraire des contractants. Le rapport qu'on y trouve avec la volonté d'autrui consiste dans la négation ou défense légale qui veut que je conserve mon bien et que je laisse aux autres le leur.

L'action judiciaire (*actio*) a un côté extérieur qui ne m'est pas imputable puisqu'il est réglé par la loi. C'est la forme de la lutte légale et la coercition qu'elle entraîne ; elle a aussi un côté moral qui est l'exercice, la réalisation de mon droit. Il faut donc distinguer en elle cet élément de sa forme extérieure.

Au point de vue moral, la détermination de ma volonté est positive par rapport à la volonté des autres, car la volonté subjective immédiate est intérieure, tandis que sa réalisation évoque un changement d'existence qui est en rapport avec la volonté d'autrui.

La loi ne se préoccupe pas du rapport de la volonté d'autrui avec la mienne, dont l'existence est manifeste dans le but réalisé.

La morale, qui a en vue aussi le bien des autres, s'occupe du rapport positif qui existe entre ma volonté et la volonté d'autrui.

La manifestation extérieure de la volonté comme subjective ou morale est l'action morale.

Le droit de la volonté morale contient les trois moments suivants :

1° Le droit de la volonté d'être soi dans l'action morale : le dessein.

2° Le contenu de l'action posé d'un côté comme l'intention de la volonté ; de l'autre, comme le but particulier, l'intérêt de la volonté.

3° Ce contenu élevé à la généralité, conçu comme le but absolu ou rationnel de la volonté : le bien.

I

LE DESSEIN ET LA CULPABILITÉ

Dans l'action morale, la volonté subjective prend pour objet un être ou une chose extérieurs avec les diverses circonstances qui s'y rapportent. Le fait apporte un changement dans cette existence extérieure à moi et je suis responsable si, dans ce changement opéré, je retrouve ma volonté, c'est-à-dire si je l'ai voulu, projeté.

Quand les choses qui dépendent de moi ont causé un préjudice à autrui, il n'y a pas là sans doute d'acte qui me soit personnel. J'en suis cependant plus ou moins responsable, parce que ces choses sont soumises à ma volonté, à mon attention, etc.

La préméditation nécessaire à la culpabilité, emporte pour la volonté le droit de connaître la nature du fait et les circonstances où elle agit. Œdipe ne pouvait être justement accusé de parricide, puisqu'il avait ignoré qu'il tuait son père. Mais les anciens étaient moins scrupuleux que nous quant à l'imputation. De là, chez eux, ces nombreux asiles où l'on cherchait un refuge contre un justice aveugle et implacable.

L'action morale, dans son existence extérieure, entraîne un développement nécessaire de conséquences. Les conséquences appartiennent à l'action morale, mais elles sont soumises aux puissances extérieures, qui y rattachent souvent d'autres conséquences que la volonté ne pouvait prévoir, et dont elle est en droit de ne pas se reconnaître responsable. Il faut donc distinguer les conséquences accidentelles des circonstances nécessaires, c'est-à-dire inévitables.

La doctrine qui veut qu'on méprise les conséquences, et celle qui enseigne qu'il faut juger l'action d'après ses conséquences, sont également exclusives. Les conséquences nécessaires manifestent la nature propre de l'action morale, et ne sont autre chose qu'elle-même ; mais le développement de la contradiction implique le passage du nécessaire à l'accidentel. Agir, c'est donc s'exposer à toutes les conséquences de son action. Lors d'un incendie, le feu peut ne pas prendre, ou s'étendre au contraire plus loin que l'incendiaire ne le voulait. L'action morale n'en est pas moins la même dans chacun des deux cas ; un vieux proverbe dit avec raison : « *La pierre que la main lance appartient au diable,* » c'est-à-dire que l'homme qui agit n'est pas maître de la mauvaise chance ; elle acquiert un droit sur lui ; elle existe dans sa propre volonté.

La haute antiquité, comme on le voit par les tragédies grecques (Œdipe, etc.), n'était pas encore arrivée à distinguer le fait en lui-même de l'action morale, les circonstances extérieures de la résolution intime de l'agent. Ne divisant point les conséquences, elle trouvait la culpabilité dans le domaine entier du fait.

Je ne puis prévoir toutes les conséquences de mon action, mais je ne puis en méconnaître la nature générale. Le passage du dessein à l'intention consiste en ce que je connais non-seulement mon action particulière, mais tout ce qui s'y rapporte de général. L'intention n'est autre chose que ce qu'il y a de général dans ce que j'ai voulu.

II

L'INTENTION ET LE BIEN-ÊTRE

Chercher l'excuse d'un fait dans l'intention, c'est isoler un côté particulier de l'action que l'on prétend en avoir été le mobile. Quelles que soient pourtant les circonstances qui l'accompagnent, l'action n'en conserve pas moins un caractère général, par lequel elle est vol, assassinat, incendie, etc. C'est d'après ce caractère qu'elle doit être qualifiée.

L'invention du dol indirect n'a point d'autre principe que cette division de l'action.

Le droit de l'intention exige que l'agent ait eu connaissance du caractère général de l'action, que l'objectivité de l'action ait été connue et voulue par le sujet en sa qualité d'être pensant. C'est ce principe qui explique l'irresponsabilité des enfants, des aliénés, etc.

La qualité générale de l'action est son contenu. Mais le sujet, comme être individuel, a son contenu propre et particulier dans le mobile qui l'a fait agir, et qui est l'âme même de l'action. Ainsi, dans l'action de tuer un homme pour se venger, tuer est le projet, le général ; se venger est le particulier, l'intention de l'agent.

L'activité subjective cherche donc sa satisfaction dans l'action, et cette satisfaction est son bien. Par là l'action morale acquiert une valeur subjective, un intérêt pour moi.

Le droit de la particularité du sujet de se trouver satisfaite, ou, ce qui est la même chose, le droit de la liberté subjective, constitue la principale différence entre l'antiquité et les temps modernes. Ce droit, qui en se réalisant dans les rapports de la société civile et dans les institutions politiques, a donné une forme nouvelle au monde, est exprimé par le christianisme dans son infinité. L'amour chrétien, la recherche de la félicité éternelle de l'âme, l'art moderne qui s'attache à la représentation des particularités individuelles, le point d'honneur avec sa susceptibilité casuistique s'y rattachent logiquement.

Le vrai caractère d'un homme, ce sont ses actions. L'homme peut être défini *la suite de ses actions*, et il est généralement vrai de dire de lui que tel il est, telles sont ses actions, car s'il peut parfois dissimuler ses intentions, elles se révèlent nécessairement dans le cours entier de sa carrière. L'intérieur (l'intention) et l'extérieur (la réalité de l'action) ont le même contenu, sont identiques. C'est donc par la valeur de ses actes que l'homme doit être jugé.

Il existe aujourd'hui une tendance marquée à déprécier les grands hommes. Ne pouvant nier l'importance de leurs œuvres, on s'acharne à en rechercher les mobiles cachés. On veut qu'ils n'aient agi que pour satisfaire leur intérêt ou leur vanité, et plus d'un historien se croit profond en employant cette méthode. C'est raisonner comme ces valets de chambre psychologues, pour lesquels il n'y a point de héros, non parce qu'il n'y en a point, mais parce qu'ils ne sont eux-mêmes que des valets. A ce jugement de l'envie, il faut rappeler cette belle parole de Goëthe : qu'en présence des grandes qualités de ses adversaires, il n'y a d'autre moyen de salut que l'amour [1].

In magnis voluisse sat est indique que l'homme doit vouloir quelque chose de grand. Mais ce but élevé, il faut avoir la force de l'atteindre. Les lauriers de la volonté impuissante sont des feuilles sèches qui n'ont jamais verdi.

La volonté individuelle, tout en recherchant sa satisfaction particulière, se trouve en rapport nécessaire avec la volonté générale. Cette contradiction se résout dans l'intérêt des autres, l'intérêt de tous, qui est aussi le but et le droit de la subjectivité. Mais cette détermination de l'intérêt de tous posée par la volonté individuelle (subjective) peut être ou ne pas être conforme au droit en soi.

Mon individualité, de même que celle des autres, n'étant un droit qu'en tant que je suis un être libre, il s'ensuit qu'une action qui lèse le principe fondamental de la liberté, une action injuste, ne peut se justifier par une intention morale.

L'existence personnelle, la vie, est la totalité qui con-

1. Hegel, Encyclopédie, § 147.

tient tous les intérêts de la volonté naturelle. Il s'ensuit que si, dans sa collision avec la propriété d'autrui, la vie est menacée, elle peut se défendre et recourir au droit de la nécessité, car il n'y a pas de proportion entre la lésion d'une existence limitée de la liberté de l'homme dans la propriété, et sa lésion absolue par la destruction de la vie. Aussi, dans la saisie opérée par un créancier, la loi conserve au débiteur les vêtements, les instruments aratoires, les outils qui lui sont nécessaires pour assurer sa subsistance.

La soustraction d'un pain par un homme qui meurt de faim est sans doute une lésion de la propriété d'autrui. Il serait cependant injuste de considérer un pareil acte comme un vol ordinaire. Mais le droit de la nécessité ne peut justifier une action non juridique que lorsqu'il est exercé en vertu d'un danger présent, immédiat.

Ce bénéfice de compétence trouve ici sa place; car dans les relations de parenté, ainsi que dans d'autres analogues, le droit consiste à ne pas tout sacrifier au droit.

Ce droit de la nécessité révèle l'insuffisance du droit strict et de l'intérêt considérés isolement. Ils doivent être subordonnés à un degré supérieur de l'existence de la liberté. Cette unité qui les comprend est au point de vue objectif, le bien général, et au point de vue subjectif, la conscience morale.

III

LE BIEN ET LA CONSCIENCE.

Le bien contient en les dépassant, le droit abstrait et le bien-être; il est la réalisation de la volonté universelle, la fin absolue du monde.

De même que le bien-être sans le droit n'est pas le bien, de même le droit sans le bien-être n'est pas le bien. *Fiat justitia,* ne doit pas avoir pour conséquence *pereat mundus.*

Le bien oppose le droit absolu au droit strict de la propriété et au but particulier du bien-être. Chacun de ces facteurs (le droit et le bien-être), n'a de valeur que comme conforme et subordonné au bien.

Le bien qui n'est pas réalisé par la volonté individuelle n'est encore qu'une abstraction. Le développement du bien exige que l'individu le connaisse, le détermine dans son for intérieur. Cette détermination intérieure du bien est la conscience.

Le droit de la volonté subjective est de ne reconnaître pour valable que le bien qu'elle a conçu comme étant le bien, et pour bonne ou mauvaise, juste ou injuste, légale ou illégale, que l'action à laquelle elle attribue l'un ou l'autre de ces caractères.

Cette connaissance est sujette à l'erreur; or, la raison générale ne saurait être arrêtée dans sa marche par la conviction individuelle. Par la publicité des lois et par les mœurs, l'État remédie au péril possible de ce droit d'appréciation.

Le droit du sujet de reconnaître ce qui dans une action est bon ou mauvais, légal ou illégal, diminue nécessairement ou disparaît chez les enfants, les aliénés, etc.

Considérer que l'homme qui a agi sous l'influence de l'ivresse, de la passion, etc., n'est pas responsable de son acte, ce n'est pas le traiter selon ses droits et sa dignité d'homme, puisque l'essence de sa nature est la liberté. Ce n'est que dans la folie complète que la connaissance et l'action sont deux choses entièrement distinctes. La sphère où ces circonstances (passion, colère, ivresse, etc.) peuvent être prises en considération pour diminuer la peine, est autre que celle de la loi ; c'est la sphère de la grâce.

Le bien étant l'essence de la volonté générale, devient le devoir de la volonté particulière. Le devoir doit donc être accompli pour le devoir. C'est un des mérites de Kant que d'avoir envisagé le devoir à ce point de vue élevé.

Si l'on demande maintenant quel est le devoir, il n'y a d'autre réponse à faire encore que celle-ci : « Agir conformément au droit, et rechercher harmoniquement son intérêt et celui des autres. »

Ces déterminations viennent d'ailleurs ; elles ne sont

pas données par la simple idée du devoir qui n'est que le bien conçu d'une manière générale et indéterminée. La fameuse proposition de Kant : « considère si ta règle de conduite peut servir de règle générale, » serait excellente, si nous possédions déjà un principe certain de conduite. Il serait facile alors d'en faire l'application.

Le bien abstrait étant général, indéterminé, doit être déterminé par l'individu, ainsi que nous l'avons déjà expliqué. C'est la subjectivité qui comme certitude de soi, particularise et détermine. A ce point de vue, elle est la conscience morale.

La conscience morale est cette concentration profonde en soi, où tout ce qui est limité et extérieur s'est évanoui, où l'homme s'est désintéressé de toute fin particulière. C'est le droit de l'individu de savoir par lui-même ce qui est juste, et de ne reconnaître comme tel que ce qu'il sait être tel.

La conscience morale se pose en puissance souveraine vis-à-vis des déterminations du droit et du devoir. Elle les retire en elle-même pour les juger à sa mesure, les fondre dans son creuset, les faire évanouir si elles ne sont pas conformes à la pensée.

Socrate, au milieu de la décadence de la démocratie athénienne ; plus tard, les Stoïciens dans des temps d'abjection, offrent l'exemple historique mémorable d'hommes qui se créent une solitude intérieure pour y retrouver l'harmonie morale que leur refuse le monde de la réalité.

La conscience parvenue à sa vérité, la conscience générale, se détermine conformément aux principes généraux qui sont les lois sociales. Mais ce n'est que dans la vie sociale que s'établit l'harmonie entre le devoir objectif (sous forme de lois), et la volonté individuelle. Au point où nous sommes parvenus, la conscience morale n'est encore que la conscience de l'individu comme tel.

Cette conscience individuelle de soi, est donc tout aussi bien la possibilité de se poser pour principe le général, que la liberté arbitraire de faire prévaloir sur le général la particularité personnelle et de la réaliser par l'action, c'est-à-dire d'être méchant. Le bien et le mal moral ont ainsi leur source commune dans la certitude que l'homme a de soi comme existant, comme sachant et se décidant, dans la conscience qu'il a de sa liberté.

L'origine du mal vient de la liberté, de la nécessité où elle se trouve de se déterminer vis-à-vis de la volonté naturelle qui est son état immédiat, c'est-à-dire vis-à-vis des penchants, des instincts, qui en soi, ne sont ni bons ni mauvais, puisqu'ils ne sont pas libres, car ce qui est simplement naturel n'est point libre. La volonté intelligente peut suivre les penchants ou les réprimer. Il y a donc possibilité du mal, et c'est ce désaccord possible entre la volonté naturelle et la liberté qui fait la vraie différence de la brute et de l'homme.

Quand on parle du bien et du mal, il faut entendre le bien et le mal accomplis sciemment. L'animal comme l'homme est susceptible de bonté ou de méchanceté naturelles, c'est-à-dire inconscientes. La connaissance du bien et du mal est le fruit de l'arbre de science.

Le mal n'est pas seulement possible; il est nécessaire en ce sens que l'harmonie de l'instinct naturel et de la raison devant résulter de la liberté, suppose la résistance. Le mal n'envahit pas le bien du dehors. Le bien et le mal sont inséparables dans leur idée, car le bien a pour objet ce qui est opposé au mal, et réciproquement. L'homme n'est bon que parce qu'il peut être méchant.

Le mal est négation, et comme tel, n'est rien de permanent. Il faut que la contradiction entre le bien et le mal soit posée dans la liberté de l'homme, mais elle n'y est posée que pour être résolue. L'idée du mal implique son existence, et en même temps, la nécessité de l'anéantir, car le mal est ce qui ne doit pas être. Il ne se produit donc que pour être vaincu.

L'homme a la conscience de l'intention qui l'anime et du but qu'il se propose en agissant. Lorsqu'il représente à autrui comme bonne son action mauvaise, et qu'il se sert de dehors vertueux pour le tromper, il est hypocrite.

Mais l'homme peut arriver de plus à changer dans sa propre conscience, c'est-à-dire à ses propres yeux, le bien en mal, et le mal en bien. Le mal sait trouver des raisons qu'il croit suffisantes pour se tromper lui-même et se croire le bien. Ainsi, le voleur se dit qu'il vole pour secourir sa famille, etc.

Le probabilisme enseigne qu'une action est licite, et n'alarme pas la conscience, pourvu qu'elle trouve une seule bonne raison en sa faveur, par exemple l'autorité d'un seul théologien, fût-elle contredite par tous les autres. La distinction du bien et du mal devient bientôt si subtile que l'un et l'autre se confondent. On ne recherche plus que le probable. Le probabilisme est donc une des formes de l'hypocrisie.

A son degré le plus élevé, l'hypocrisie prétend que vouloir le bien c'est tout, que diriger son intention vers un bien quelconque, suffit pour rendre une action bonne. Ainsi, tuer un homme que l'on hait, ou que l'on veut dépouiller, devient une action méritoire, si cet homme était méchant, et qu'on se soit proposé en même temps de détruire un être méchant. C'est encore de l'hypocrisie que la doctrine qui enseigne que la fin sanctifie les moyens, comme si ce qui n'est pas juste et saint pouvait sanctifier.

En suivant son développement logique, le probabilisme arrive nécessairement à écarter l'autorité de l'affirmation d'autrui pour ne s'appuyer désormais que sur la conviction individuelle. Mais comme elle est essentiellement changeante et sujette à l'erreur, l'homme finit par se persuader que le bien et le mal, le juste et l'injuste, le droit et le devoir n'ont rien de sérieux. Alors naît l'ironie, cette conscience du néant et de la vanité de toutes choses, expression dernière de la subjectivité qui s'affirme ainsi comme quelque chose d'absolu. C'est cette forme que le mal revêt le plus fréquemment de nos jours, comme à toutes les époques d'extrême civilisation. La philosophie de Fichte, en enseignant que tout ce qui existe n'est que la production du moi général, y a puissamment contribué sans que son auteur l'eût prévu. L'égoïsme qui en est la conséquence logique s'est depuis montré sans voile dans la doctrine de ses continuateurs, principalement de F. de Schlegel [1].

Le bien en soi, comme manière d'être de la conscience individuelle, est essentiellement inefficace et impuissant, puisqu'il n'a rien de nécessaire, étant susceptible de recevoir n'importe quel contenu.

La subjectivité de l'esprit sans une signification objective, est non moins impuissante. Il faut qu'il existe un bien absolu, une règle nécessaire. Sans cela, l'homme réduit à s'appuyer sur lui-même, aimerait mieux aliéner sa liberté, devenir esclave que de se consumer dans le vide et la négation.

L'unité subjective et objective du bien existant pour soi, c'est la morale réalisée, la vie sociale, car si la morale individuelle est la forme de la volonté subjective, la vie sociale contient de plus le principe de la volonté générale, de la liberté dans son essence.

Ainsi, le droit privé et la morale individuelle ont pour base la vie sociale. Car la subjectivité qui appar-

1. *Hegel et la Philosophie allemande*, par M. Ott, p. 42.

tient à la morale individuelle manque au droit pris isolément. Ni l'un ni l'autre n'existent donc réellement pour soi. L'être complet (l'idée) est seul réel. Le droit proprement dit n'est qu'un fragment de l'ensemble, une plante qui s'enlace au tronc d'un arbre puissant.

TROISIÈME PARTIE

LA VIE SOCIALE

La moralité abstraite et subjective se réalise dans la famille, dans la société, dans l'État, c'est-à-dire dans la vie sociale et politique. Elle est l'idée de la liberté qui se développe dans les institutions et les lois, l'unité de la volonté individuelle et de la volonté générale ou rationnelle.

On peut dire que l'homme possède, même sans en avoir conscience, la moralité sociale. C'est dans ce sens que l'Antigone de Sophocle déclare que personne ne sait d'où viennent les lois; qu'elles sont éternelles, c'est-à-dire qu'elles existent par elles-mêmes, comme exprimant les rapports qui découlent de la nature des choses.

La vie sociale enveloppe l'individu et gouverne son existence. Il la rencontre vis-à-vis de lui comme une justice éternelle, contre laquelle viennent se briser ses passions et ses efforts.

D'un autre côté, l'individu ne sent point autour de lui la sociabilité comme quelque chose d'étranger; il y trouve au contraire le sentiment de soi; il la respire comme l'air qui entretient sa vie; il y a foi et confiance.

Dans la vie sociale, les différents rapports de l'individu aux positions diverses dans lesquelles se partage la substance morale apparaissent comme nécessaires, obligatoires pour la conscience, et constituent les devoirs de l'individu. La science des devoirs n'est autre chose que le développement de ces rapports. Pour être vertueux, l'homme n'a donc qu'à accomplir loyalement et constamment ce qui lui est indiqué par la nature de ces rapports.

Les discours sur la vertu en général ne sont le plus souvent que des déclamations sans portée. Les sociétés bien réglées laissent peu de place à ces collisions, à ces circonstances extraordinaires où brille la vertu proprement dite.

A ces époques reculées antérieures à toute législation positive, la vertu se personnifiait dans des héros (Hercule, Thésée par exemple), dont la puissante individualité suppléait au défaut d'organisation sociale. Aussi, chez eux, la vertu ne se produisait pas comme l'accomplissement de devoirs indiqués par la nature des choses, mais comme une disposition émanant uniquement de leur individualité, de leur *génie*.

Les différences du naturel chez les hommes sont de peu d'importance pour la science des devoirs, car leur accomplissement ne doit pas être considéré comme le résultat d'une disposition innée, mais comme l'exercice de la liberté commune à tous les hommes. Ces différences du naturel ne sont à apprécier que dans une histoire naturelle de l'esprit humain.

La pédagogique est l'art de former l'individu à la vie sociale, de le créer de nouveau à cette fin, de faire de l'habitude de cette nouvelle existence sa seconde nature. L'homme comprend ainsi que la substance universelle est sa propre essence, et que sa liberté ne se réalise que par elle.

Consulté par un père sur la meilleure éducation à donner à son fils, un pythagoricien répondit : Rends-le propre à devenir citoyen d'un État qui ait de bonnes lois.

Il est impossible de soustraire l'homme, par une éducation au *désert* (voir l'*Émile* de Rousseau), aux influences de son époque. Par cela seul qu'il naît et se développe dans un État bien organisé, l'individu apprend parfaitement à connaître ses droits et ses devoirs.

L'identité de la volonté générale et de la volonté individuelle est aussi celle du droit et du devoir. L'homme en société n'a de droits qu'en tant qu'il a des devoirs et il n'a de devoirs qu'en tant qu'il a des droits.

La substance morale est l'esprit réel d'une famille et d'un peuple.

On peut se représenter la société de deux façons différentes, soit comme la substance morale dont les individus sont les accidents, mais qui ne se réalise que par eux, soit comme une simple collection atomistique d'individus. Rien de plus faux que ce second point de vue, car l'esprit n'est pas seulement l'individuel, mais l'unité de l'individuel et du général.

La substance morale est d'abord :

1° Comme esprit immédiat ou naturel :

La famille.

2° Comme totalité relative des rapports réciproques des familles et des individus :

La société civile.

3° Comme universalité revenue à son unité, prenant conscience de soi et se développant en une réalité organique :

L'État.

I

LA FAMILLE

L'unité de la famille est l'amour, c'est-à-dire le sentiment en vertu duquel chacun de ses membres ne se considère plus que comme existant dans cette unité.

Le premier moment de l'amour se produit lorsque

l'individu ne veut plus exister pour lui seul, et se sent défectueux et incomplet dans son isolement. Bientôt il se retrouve dans une autre personne qui elle-même se retrouve en lui. L'amour est donc la contradiction absolue que la raison ne peut résoudre, c'est-à-dire la suprême affirmation du moi et sa négation. L'amour crée et résout en même temps cette contradiction ; en tant qu'il la résout, il est unité morale.

L'amour, comme sentiment, est subjectif, accidentel. L'unité morale, dans la famille, ne prend donc un caractère nécessaire qu'en vue des choses extérieures qui n'ont pas pour condition le sentiment, c'est-à-dire les biens, l'éducation des enfants, etc., etc.

L'idée de la famille comprend trois côtés essentiels : 1° le mariage qui en est la notion immédiate ; 2° les biens de la famille et leur administration; 3° l'éducation des enfants et la dissolution de la famille.

Le mariage, comme processus du genre, est rapport naturel immédiat, et comme rapport moral, la fusion de deux personnalités en une seule.

Le mariage est par essence un rapport moral. On ne l'a que trop souvent envisagé au seul point de vue du rapport des sexes. Il n'est pas moins erroné de le considérer simplement comme un contrat civil, avec Kant qui le définit : l'acquisition réciproque que font l'un de l'autre, au moyen d'une convention, deux individus de sexe différent[1].

1. Kant, *Doctrine du droit*, p. 115, traduction de M. Barni.

D'autres n'y ont vu que l'amour; mais ce sentiment n'existe dans le mariage qu'entièrement transformé par la morale et par le droit, et exempt de ce qu'il a trop souvent de passager et de capricieux.

Chez les peuples où le sexe féminin est dans un état d'abaissement, les parents arrangent les mariages à leur fantaisie, sans se préoccuper du penchant des futurs époux. Ailleurs, souvent, des considérations de famille, de fortune, de politique, déterminent les mariages. Il est immoral de faire du mariage un moyen de parvenir à un autre but. A notre époque, où le point de vue subjectif domine, on veut, pour se résoudre au mariage, être épris[1]. On s'imagine que chacun doit attendre que son heure ait sonné, et qu'il n'y a dans le monde qu'un être unique, un objet d'élection qu'il faut savoir rencontrer pour l'associer à sa destinée.

L'identification des personnalités qui fait de la famille une personne, une substance morale dont les individus qui la composent sont les accidents, prend un caractère religieux que les anciens symbolisaient dans les *pénates*, et que nous appellerons la *piété* familiale.

L'amour se réalise par le mariage, la paternité, la communauté d'intérêts entre les membres de la famille. L'illusion de l'amour appelé platonique consiste à vouloir séparer le sentiment de son existence réelle pour

1. Il n'est pas nécessaire de rappeler qu'il s'agit ici des Allemands.

le fixer à part, comme quelque chose de purement spirituel.

Cette séparation concorde avec le point de vue ascétique, qui en supprimant le moment de la vitalité naturelle (l'instinct sexuel), se donne ainsi à lui-même une valeur absolue.

La célébration du mariage, la fête qui l'accompagne, constatent publiquement le triomphe du sentiment moral sur la passion. Comme tels, ils font partie des éléments intégrants du mariage. (L'intervention de l'Église est un rapport d'un autre ordre dont il n'y a pas à traiter ici.) Frédéric de Schlegel, dans sa *Lucinde* et un de ses imitateurs dans les *Lettres d'un inconnu* (Lubeck et Leipzig, 1800), ont parlé de la cérémonie du mariage comme d'une formalité superflue, parce que l'amour est l'essence du mariage. Ils considèrent même l'abandon de la personne comme licite à titre de preuve de la liberté et de la profondeur du sentiment, théorie familière aux suborneurs. Mais la femme qui se livre engage son avenir tout entier, tandis que l'homme a d'autres champs d'activité que la famille. — La vraie destination de la jeune fille est le mariage. L'amour doit donc prendre la forme du mariage.

C'est parce que les deux sexes diffèrent naturellement qu'ils sont susceptibles de former une unité intellectuelle et morale. La destination de l'homme est la politique, la science, l'art, l'industrie; il est armé pour la lutte que rend nécessaire l'opposition des intérêts généraux et de sa propre existence. La destination de la femme est essentiellement relative, passive. Ensevelie dans sa subjectivité, elle ne s'élève pas à l'universel, mais, gardienne du foyer, elle représente la piété familiale.

Une des plus touchantes personnifications de cette piété est l'Antigone de Sophocle, par laquelle s'exprime cette loi divine, éternelle de la femme, l'amour, dans son opposition avec la loi de l'Etat. Aux ordres barbares de Cléon, qui se fondent pourtant sur un droit positif, Antigone ne répond que par ces mots :

« Moi, je suis née pour aimer, et non pour haïr. »

Contraste hautement tragique où se caractérise la nature morale de chaque sexe.

Les femmes sont susceptibles de culture intellectuelle, mais elles ne sont pas faites pour les hautes sciences, pour la philosophie, pour certaines productions de l'art. Elles ont du goût, de l'esprit, de la grâce; elles sont peu capables d'abstraction et de généralisation. Il y a dans la femme quelque chose de la nature de la plante qui, fixée au sol, s'épanouit lentement sous les mille influences qu'elle subit. Leur éducation s'achève on ne sait comment, bien plus par les leçons de la vie que par l'acquisition laborieuse de connaissances positives, et toujours sous l'empire de l'imagination. L'homme, au contraire, ne peut se faire sa place que par l'effort de la pensée et les travaux techniques.

Le mariage est essentiellement monogamie, parce que

la personnalité, l'individualité exclusive qui s'abandonne tout entière à une autre dans ce rapport, a droit à un abandon réciproque, et par conséquent sans partage.

Voilà la vraie raison, déduite de l'idée même du mariage, et confirmée au point de vue naturel, par la presque égalité du nombre des individus de chaque sexe.

Le mariage, surtout la monogamie, est un des plus grands principes de la morale sociale. Aussi, dans les récits légendaires, son institution est toujours attribuée aux dieux ou aux héros fondateurs des États.

Le mariage étant la fusion de deux personnalités en une seule, devient inutile entre individus déjà naturellement identifiés par les liens de la famille. Les mariages consanguins sont donc contraires à l'idée du mariage, qui en fait un acte moral de la liberté, et non un lien naturel immédiat. La répugnance instinctive qu'ils soulèvent est fondée. La nature elle-même semble les condamner, car, chez les animaux comme chez les hommes, les fruits de telles unions sont souvent faibles et dégénérés. Plus, au contraire, l'origine est diverse, et les oppositions marquées, plus les fruits sont vigoureux[1].

Comme personne, la famille a sa réalité extérieure dans la propriété; — mais, comme personne générale et

1. Sur cette question si controversée, consulter les *Bulletins de la Société d'anthropologie de Paris*, t. IV, p. 515. La législature du Kentucky vient de prohiber les mariages consanguins.

permanente, elle réclame une possession stable et assurée. Ce qu'il peut y avoir d'arbitraire et d'abusif dans l'exercice individuel du droit de propriété, fait place au souci de l'avenir, à la recherche du bien-être de la communauté. La propriété prend ainsi un caractère moral.

Comme personne juridique, la famille a pour chef le mari, qui administre à son gré les biens dont chaque membre peut être considéré comme copropriétaire, bien qu'il n'ait aucun droit à une propriété particulière sur ces biens communs.

Par le mariage, se constitue une famille nouvelle tout à fait indépendante des branches ou maisons dont elle est sortie. Les liens qu'elle conserve avec elles ne sont autre chose que ceux de la parenté naturelle. L'amour moral, au contraire, est le principe de la famille nouvelle. Les biens de l'individu qui contracte mariage, deviennent propriété de la famille qu'il fonde, et ne conservent qu'un rapport plus éloigné avec sa famille d'origine.

Les époux ne formant qu'une personne morale, les biens doivent être communs entre eux. Toutefois, dans la prévision d'une mauvaise administration du mari, et de la dissolution du mariage par la mort ou le divorce, les contrats de mariage restreindront, dans une certaine mesure, le régime de la communauté.

L'unité des deux personnalités qui constituent le mariage, s'objective, devient extérieure dans l'enfant, dans un être qui existe pour soi. Le père et la mère voient dans l'enfant leur amour vivant et agissant, et chacun d'eux, en lui, aime et retrouve l'autre.

Les enfants ont le droit d'être nourris et élevés au moyen des ressources communes de la famille.

Les enfants sont libres en eux-mêmes, et leur vie n'est que l'existence immédiate de cette liberté. Ils n'appartiennent ni à leurs parents ni à autrui, comme leur appartiendraient des choses. La condition d'esclave où se trouvaient les enfants dans la famille romaine, est une de ces institutions immorales par lesquelles s'accuse tout particulièrement le caractère historique des Romains et leur tendance au formalisme juridique.

L'homme n'est point d'instinct tout ce qu'il doit être; de là, la nécessité de l'éducation qui concorde avec ce besoin de grandir et cet esprit d'imitation qui sont propres à l'enfant.

Le côté principal de l'éducation est la discipline qui ploie la volonté des enfants encore ensevelie dans la nature. La raison doit apparaître aux enfants sous la forme de l'autorité, car ils sentent bien que ce qu'on leur transmet n'est pas encore accessible à leur intelligence. C'est une pédagogie absurde que celle qui joue avec l'enfant, en lui présentant comme un jeu ce qu'il y a de sérieux dans ce qu'on lui enseigne, et en se rabaissant à son niveau. Le résultat d'un tel système, c'est que l'enfant s'habitue à traiter légèrement toutes choses. D'un autre côté, il ne faut pas stimuler sans cesse les enfants à raisonner ; c'est leur fausser l'esprit et les disposer à la vanité. Quant aux services que l'on pourra exiger de l'enfant, on devra toujours avoir soin qu'ils servent à son éducation.

L'homme, en tant qu'enfant, doit vivre auprès de ses parents dans une atmosphère d'amour et de confiance. Pour ce premier âge, l'éducation maternelle est la préférable, car la morale doit être présentée à l'enfant sous la forme du sentiment. On remarque généralement que les enfants aiment moins leurs parents qu'ils n'en sont aimés. C'est qu'ils grandissent et aspirent à exister pour eux-mêmes, tandis que leurs parents possèdent en eux la réalisation vivante de leur union.

L'État n'est pas exposé à se dissoudre, car il est fondé sur la loi, c'est-à-dire sur la raison. Mais il y a dans le mariage un côté subjectif et accidentel, le sentiment. Sans doute le mariage *doit* être indissoluble, mais ce n'est là qu'une obligation sans sanction. Il est donc exposé à se dissoudre. Cependant son caractère moral ne permet pas d'abandonner ce cas au caprice individuel. C'est donc une autorité morale, l'Église, ou la justice, qui prononcera la dissolution. Lorsque les époux seront devenus tout à fait étrangers l'un à l'autre, par suite de l'adultère par exemple, l'autorité religieuse elle-même devra permettre le divorce. La législation néanmoins l'entourera de difficultés assez grandes pour que la pensée de la séparation ne puisse venir légèrement aux conjoints, et s'inspirera de cette parole de Jésus-Christ : « Cela ne vous a été permis qu'à cause de la dureté de votre cœur. »

La famille se dissout moralement lorsque les enfants sont devenus majeurs, c'est-à-dire des personnes libres et juridiques, capables de posséder et de fonder de nouvelles familles, les fils comme chefs de famille, les filles comme épouses.

La famille souche ne conserve plus de droits sur celles qui dérivent d'elle.

Au point de vue des biens, la dissolution naturelle de la famille par la mort des parents, du mari en particulier, a pour conséquence l'héritage. Le bien commun de la famille perd ce caractère pour se diviser en propriétés particulières.

Ce n'est pas la pure volonté arbitraire du défunt qui constitue le droit de tester, surtout lorsqu'elle est en opposition avec le droit essentiel de la famille. Le bon plaisir du testateur n'a rien de plus respectable que le droit de sa famille, au contraire. Cette absolue faculté de disposer de ses biens par testament appartient à l'époque barbare et immorale de la législation romaine ; alors le père pouvait vendre son fils jusqu'à trois fois ; le fils n'était point une personne juridique et ne pouvait posséder que le butin qu'il avait pris à la guerre (*peculium castrense*) ; affranchi de la puissance paternelle, il ne pouvait hériter au même titre que les autres enfants demeurés en puissance, sans une institution testamentaire ; la femme mariée même, du moins la matrone, appartenait toujours à la famille d'où elle était issue, et n'était pas admise à l'héritage des biens de la famille nouvelle devenue réellement la sienne, malgré sa qualité d'épouse et de mère.

La législation modifia ces droits rigoureux et bien d'autres à l'aide de détours et de fictions (*bonorum possessio* au lieu d'*hereditas; filius* au lieu de *filia*, etc.); mais c'est une triste nécessité pour le juge que d'être contraint de ruser avec de mauvaises lois pour en rendre les effets moins désastreux. On peut voir, dans les récits de Lucien et d'autres auteurs, les conséquences immorales du droit absolu de disposer par testament, dans la société romaine, joint à la facilité du divorce. Cicéron lui-même, qui a si éloquemment parlé de l'*honestum* et du *decorum*, dans ses Offices, et ailleurs, renvoya sa femme pour payer ses dettes avec la dot de la seconde. — C'est ainsi qu'on arrive légalement à la ruine des mœurs publiques.

La famille formant une véritable personne morale, les biens de la famille forment un tout, dont chacun de ses membres a d'une certaine façon la copropriété. Le droit du testateur ne saurait donc aller jusqu'à exclure de sa succession ses enfants, ou quelques-uns d'entre eux, à créer des substitutions et des fidéicommis pour la durée et la splendeur de la famille. C'est la famille comme telle, c'est-à-dire le conjoint et les enfants que les obligations de morale et le droit unissent au testateur, qu'il faut ici avoir en vue, et non la famille considérée comme race ou maison (*stirps, gens*), la famille abstraite, pour ainsi dire. De hautes considérations politiques peuvent seules dans certains cas autoriser le privilége en cette matière, comme nous le verrons plus loin.

La loi sauvegardera donc le droit fondamental de la famille véritable, c'est-à-dire du conjoint et des enfants. Mais, d'un autre côté, l'homme, en vertu de sa personnalité et de sa liberté, doit rester libre de disposer de ses biens dans une certaine mesure en faveur de ceux qui lui sont chers à d'autres titres, et que l'on peut appeler la famille de l'amitié.

Chaque famille engendre d'autres familles qui forment autant d'individualités morales indépendantes, en rapport extérieur les unes avec les autres. Cette pluralité de familles ayant la même origine naturelle, et rapprochées par la nécessité d'échanger les produits de leur travail, donne naissance à la société civile.

II

LA SOCIÉTÉ CIVILE

La société civile est l'unité des familles, représentées au dehors par leurs chefs, c'est-à-dire par les pères de famille.

Cette unité n'est pas celle de l'État, bien qu'elle y conduise, car elle est sans conscience et n'apparaît encore que sous forme d'agrégation et non d'organisation. Chaque famille est à elle-même son propre but, mais une raison cachée préside aux rapports qu'elles ont les unes avec les autres. Chacune, en travaillant à son bien-être et en poursuivant ses desseins particuliers, devient en même temps pour toutes les autres un auxiliaire, même sans le savoir ou le vouloir. L'égoïsme se transforme en sociabilité.

C'est pour n'avoir pas compris cette solidarité nécessaire de l'intérêt individuel avec l'intérêt de tous, que Platon essaya de constituer sa république de façon que l'individu fût contraint de n'agir qu'en vue de l'ensemble. Il crut y parvenir par l'abolition de la propriété, de la famille, du libre choix d'une profession, de tout ce qui constitue la liberté civile et en résulte.

Ce défaut de liberté individuelle était celui de l'idée sociale des Grecs, surtout des institutions doriennes, dont la république prétendue idéale de Platon n'est que la reproduction poussée à l'extrême. Le christianisme, en donnant à la personnalité de l'homme une valeur infinie par la chute et la rédemption, a puissamment contribué à développer la liberté subjective, ou la moralité, ce principe des temps modernes qui veut que l'on se détermine à l'action non pas seulement pour obéir à la loi, mais avec réflexion et par conviction.

Dans la société civile qui constitue l'état extérieur, fondé sur la nécessité, les individus sont des personnes privées qui poursuivent leur intérêt particulier. Il faut donc qu'ils connaissent cet intérêt, qu'ils veuillent et sachent le réaliser, en le déterminant d'une manière générale. C'est ainsi que les lumières se répandent et que naît la civilisation; par l'éducation et le travail, l'homme s'affranchit de la nature et la dépasse, car il n'a pas pour destination unique la satisfaction de ses besoins physiques. La prétendue innocence de l'état de nature et la grossièreté naïve des mœurs barbares, ne sont que les degrés inférieurs du développement de sa liberté. La civilisation, c'est-à-dire le moment où la pensée se produit comme conscience du particulier sous la forme du général, est le moment le plus important de la vie de chaque peuple.

La société civile contient trois moments :

1° La satisfaction des besoins de l'individu par son propre travail, par le travail et la satisfaction des besoins de tous : le système des besoins.

2° La réalisation de la liberté, la protection de la propriété de chacun : l'administration de la justice.

3° Les garanties contre l'arbitraire et le soin d'élever l'intérêt particulier à la valeur d'un intérêt général : la police et les corporations.

I

LE SYSTÈME DES BESOINS

Il y a certains besoins généraux, comme manger, boire, se vêtir, etc. : la manière dont ils sont satisfaits dépend de circonstances accidentelles. Le sol n'est pas partout également fertile, la température est plus ou moins favorable à la récolte ; tel homme est diligent, tel autre paresseux ; mais cette confusion apparente se laisse ramener à des rapports universels et nécessaires qui ont été reconnus par l'économie politique, une des sciences qui font le plus d'honneur à notre époque. (Voir Smith, Say, Ricardo.) C'est un admirable spectacle que celui de la lutte des diverses sphères d'intérêts, de leur dépendance réciproque et de l'harmonie de l'ensemble. Il y a là quelque chose de la grandeur du système planétaire, où l'œil n'aperçoit que des mouvements irréguliers, tandis que la science en détermine les lois.

Chez l'animal, des moyens bornés de satisfaction correspondent à des besoins également bornés. Certains insectes ne peuvent vivre que sur une seule espèce de plantes ; d'autres animaux supportent divers climats, mais leur champ d'activité est bien restreint à côté de l'immense domaine que l'homme s'est fait. L'homme doit s'abriter, se vêtir, modifier, pour les rendre propres à l'alimentation, les substances que la nature lui offre. Des efforts incessants lui sont nécessaires. Bientôt même il se crée des besoins de convention qui demandent aussi à être satisfaits. Mais plus les besoins se multiplient dans une société, moins ils deviennent impérieux, car leur multiplication indique que le besoin en général a perdu de son intensité.

Ce que les Anglais appellent le confortable est quelque chose d'indéterminé et d'inassouvi, car chaque raffinement en rend toujours un autre désirable, et cela n'a point de fin.

Par suite de la solidarité des intérêts, toute particularité ne tarde pas à prendre un caractère social. C'est ainsi, par exemple, que pour la manière de se vêtir, pour l'heure des repas, il s'établit une certaine uniformité; — le besoin de l'égalité engendre l'imitation, qui devient une des causes les plus puissantes de la multiplication des besoins.

L'apparition des besoins de l'esprit et de l'imagination, leur prédominance sur les besoins naturels et strictement nécessaires, indiquent que l'homme s'est affranchi de la nature, pour se créer à lui-même une nécessité nouvelle qui apparaît ainsi comme son œuvre, et non plus comme quelque chose d'extérieur. Mais, d'un autre côté, la multiplication sans bornes de ces besoins factices et des moyens de les satisfaire, le luxe, rend de plus en plus l'homme esclave des choses.

Diogène, avec son cynisme, n'est autre chose qu'un produit de la vie sociale athénienne de la décadence, dont sa manière d'être constituait une satire perpétuelle. Il n'eût pu soutenir ce rôle chez un peuple moins corrompu. C'est ainsi que le luxe poussé à l'extrême enfante la misère et l'abjection, et que le raffinement amène son contraire, la brutalité cynique.

Le moyen de pouvoir aux besoins sociaux est le travail, qui opère dans des buts divers sur les matières immédiates fournies par la nature. Cette *formation* en fait des produits humains. Presque tous les produits de la nature doivent être modifiés avant de servir à l'usage de l'homme; l'air lui-même a souvent besoin d'être chauffé. Il n'y a guère que l'eau dont on puisse user telle qu'elle s'offre.

Les peuples barbares sont paresseux et ensevelis dans un engourdissement inerte. Pour l'homme civilisé, le travail doit devenir une habitude et un besoin, et se spécialiser pour être plus fécond.

L'extrême division du travail le rend plus facile pour les individus, et multiplie considérablement les produits. Mais, d'un autre côté, en rendant moins nécessaire la capacité de l'ouvrier, elle donne de plus en plus au travail un caractère mécanique qui finit par permettre de remplacer l'homme par la machine.

Par cette réciprocité et cette dépendance du travail et

de la satisfaction des besoins, l'égoïsme subjectif contribue à la satisfaction des besoins de tous. Cette médiation du particulier par le général rend nécessaire que chacun en acquérant, produisant, et jouissant pour lui-même, procure aux autres ces mêmes avantages. Cette nécessité constitue la richesse publique, permanente, qui contient pour chaque homme la possibilité d'y prendre part, au moyen de son aptitude spéciale, pour assurer sa subsistance. Cette possibilité a pour condition, d'un côté le capital dont l'individu dispose, de l'autre sa capacité que l'inégalité naturelle dans le développement des facultés physiques et intellectuelles rend très-diverse chez les hommes. Car si, en tant qu'êtres virtuellement raisonnables et compris dans la même définition, les hommes sont égaux, ils ne le sont point, ne peuvent et ne doivent point l'être dans la réalité, puisque la réalité emporte la différence et par suite l'inégalité.

Les moyens de satisfaction des besoins sans nombre de la société civile se partagent en divers systèmes ou masses générales, qui forment les divers états où sont distribués les individus.

Si la première base de la société est la famille, les états constituent la seconde. Ils sont comme la racine par laquelle la recherche égoïste de soi touche à l'universel, à l'État.

D'après la notion, les états sont déterminés, 1° comme substantiels ou immédiats, 2° comme réfléchis ou formels, 3° enfin, comme état général.

L'état substantiel est celui des agriculteurs. On a dit avec raison qu'à l'origine des civilisations l'agriculture est née en même temps que l'institution du mariage. — Par l'agriculture, le sol a perdu son caractère d'indétermination pour se partager en propriétés privées. De même, l'instinct sexuel a trouvé sa limite dans le mariage. — Alors la vie nomade a cessé. La propriété est devenue bien de famille. La satisfaction des besoins est devenue assurée et durable. — Dans le quatrième volume de sa symbolique, mon illustre ami M. Creuzer donne d'intéressantes explications sur le caractère religieux de l'agriculture chez les anciens, manifesté par les divinités, les sanctuaires et les fêtes agricoles.

A notre époque, l'agriculture prend de plus en plus la forme de l'industrie. Les agriculteurs cependant se rapprochent encore de la vie primitive patriarcale. Ils reçoivent immédiatement les dons de la nature, et vivent avec la confiance que ces biens leur seront toujours acquis. Pour cet état, la nature est le principal ; l'effort de l'homme n'a qu'une moindre importance ; c'est le contraire dans les autres états, où la réflexion de l'homme est l'essentiel, et où les produits de la nature ne sont plus que la matière de ses travaux.

L'État industriel a pour destination de transformer les productions naturelles ou immédiates. — Les résultats qu'il obtient ne sont dus qu'à sa propre activité. Il comprend : l'état des ouvriers, l'état des fabricants, et l'état des commerçants, par lequel s'opère l'échange de tous les produits au moyen de leur représentant universel, l'argent.

Dans l'état industriel l'individu est réduit à lui même; il n'en sent que plus vivement la nécessité des lois. Aussi le besoin d'ordre et de liberté se manifeste surtout dans les villes. L'état agricole qui dépend entièrement de la nature puise dans le sentiment de cette dépendance une disposition particulière à se laisser gouverner. Il est enclin à la subordination, comme l'état industriel à la liberté.

L'état général a pour objet les intérêts généraux de la société. Il comprend les fonctionnaires, les savants, etc.

La part laissée à la liberté individuelle par rapport à l'exercice des professions, fait une des plus notables différences de la vie politique de l'Orient et de l'Occident, du monde antique et du monde moderne. — La raison veut divers états dans la société, mais elle n'autorise pas l'attribution d'une profession aux individus par les chefs de la nation, comme dans la république de Platon, par le hasard de la naissance, comme dans les castes de l'Inde. Si la liberté individuelle, qui est un des moments essentiels de l'organisme de l'État, n'y trouve par sa satisfaction légitime, elle se pose comme hostile à l'ordre social qu'elle bouleverse (Rome et les républiques grecques), à moins que, brisée par la force ou par une autorité religieuse, elle ne s'éteigne dans une dégradation complète. Sparte autrefois, et l'Inde aujourd'hui encore, en offrent l'exemple.

Souvent, surtout dans la jeunesse, l'individu répugne à accepter dans la société une tâche déterminée, à exercer une profession. Il croit par là s'amoindrir et limiter son champ d'activité, ne comprenant pas qu'il ne saurait avoir de valeur essentielle qu'en donnant à son activité une existence déterminée.

Pour fonctionner efficacement, le système des besoins nécessite la protection de la liberté, de la personne et de la propriété de chacun, au moyen de l'administration de la justice.

II

L'ADMINISTRATION DE LA JUSTICE

Le droit universellement connu et consenti prend le caractère de droit positif et obligatoire, de loi. La loi a un caractère essentiellement général. Il n'y a pas, il ne peut pas y avoir de loi qui s'applique à l'individu.

Il appartient à l'état de civilisation, où la pensée conçoit le particulier sous la forme du général, de saisir le moi comme personne universelle, identique à toutes les autres. La loi considère donc l'homme en tant qu'homme, et non en tant que juif, chrétien, allemand ou italien.

L'idée de la loi ne se produit qu'à un certain degré de culture. Ce n'est que lorsque les hommes se sont créé des besoins nombreux dont la satisfaction les absorbe, qu'ils peuvent se donner des lois.

Les animaux ont leurs lois sous la forme de l'instinct, mais sans en avoir conscience.

Pour l'homme, les lois et même les coutumes doivent être pensées et connues. La différence entre les lois proprement dites et les coutumes, consiste seulement en ce que les coutumes ne sont connues que confusément, et par fragments, du plus grand nombre des citoyens. C'est une erreur que d'attribuer aux coutumes le privilége de passer dans la vie d'un peuple, car les lois d'un peuple, par cela qu'elles sont écrites et codifiées, ne cessent pas d'être ses coutumes. Quand les coutumes sont rassemblées dans un corps de lois, ce qui indique toujours un degré avancé de civilisation, ce recueil offre toujours beaucoup de confusion, de lacunes, et d'indétermination, car un vrai code ne doit contenir les préceptes du droit que dans leur généralité. Le droit national anglais consiste en statuts (lois formelles), et en un certain nombre de lois non écrites. Ce n'est pas que ces lois ne se trouvent quelque part ; on les trouve dispersées dans de nombreux in-folio juridiques, et l'on devine la confusion qu'un pareil état de choses doit jeter parfois dans l'esprit des juges, qui, faute de lois précises sur bien des points, sont obligés de faire l'office de législateurs. C'est pour remédier à cet abus qu'un des derniers empereurs romains institua la célèbre loi sur les citations, qui établissait pour les cas non prévus par la législation en vigueur une sorte de tribunal composé de jurisconsultes morts depuis longtemps, et dont l'un d'eux avait la présidence. Ce tribunal décidait à la majorité des voix [1].

Le droit d'une nation doit former un système, c'est-à-dire que les lois doivent revêtir un caractère général ; cette tendance est une des plus marquées à notre époque. Contester à une nation ou à ses magistrats la capacité de faire un code est un des plus grands outrages qu'on puisse leur faire.

Le droit positif exprime ce qui est conforme à la loi, ce qui est de droit ; mais la loi peut différer de ce qui est le droit en soi. La science positive du droit est une science historique qui a pour principe l'autorité, mais c'est à la raison qu'il appartient d'en tirer les conséquences, et de l'adapter aux besoins nouveaux amenés par le temps. La justice, chez un peuple, est la conscience que la volonté générale de ce peuple acquiert d'elle-même. Il s'ensuit que si le peuple est ignorant ou corrompu, la justice s'en ressent toujours.

La loi ne peut atteindre que le côté extérieur des rapports sociaux. Il varie nécessairement beaucoup de peuple à peuple.

1. Hugo. *Histoire du droit romain,* tome II, p. 217, trad. de M. Jourdan.

Par exemple, une loi de la Chine ordonne au mari qui a plusieurs femmes d'aimer la première plus que les autres. S'il y manque, il encourt la bastonnade.

On trouve aussi dans les législations les plus anciennes beaucoup de prescriptions de fidélité et de loyauté qui sortent évidemment du domaine de la loi, car elles sont du ressort de la vie intérieure de l'individu. Mais la loi peut veiller à la sincérité du serment, puisque souvent les décisions judiciaires en dépendent.

Il y a nécessairement dans les lois et dans l'administration de la justice un côté arbitraire, car il est impossible de prévoir tous les cas. Une peine ne sera jamais absolument proportionnée au fait auquel on l'appliquera : quelle différence trouver en effet entre un an de prison et un an et un jour de prison, entre une amende de cinq thalers et une amende de quatre thalers et vingt-trois groschen, entre vingt coups de bâton et dix-neuf coups de bâton, quant à la gravité des délits correspondants? On ne peut que fixer au juge un maximum et un minimum dans les limites desquels son bon plaisir peut s'exercer.

Le caractère obligatoire de la loi exige qu'elle soit connue de tous.

Faire afficher les lois si haut, comme Denys le tyran, que les citoyens ne peuvent les lire, ou les enterrer dans de gros livres savants, dans des recueils de décisions écrits en langue étrangère, et souvent contradictoires, revient à peu près au même. Les gouvernants, qui, à l'exemple de Justinien, dotent leurs peuples d'un recueil de lois même incomplet, ou mieux encore, d'une législation nationale sous la forme d'un code bien ordonné et bien précis, figurent au nombre de leurs véritables bienfaiteurs et accomplissent un grand acte de justice.

La profession de jurisconsulte est trop souvent un vrai monopole. Qui n'est pas du métier n'est pas admis à dire son mot. De même, les physiciens ont tenu peu de compte de la théorie des couleurs de Goethe, qui n'était pas physicien de profession et qui, de plus, était poëte. Personne, cependant, n'exige d'un homme qu'il soit cordonnier pour décider si sa chaussure lui va bien. Les citoyens seront donc admis à faire connaître leur avis sur la législation existante et à participer ainsi, dans une certaine mesure, à sa modification.

Un code, bien que posant certains principes généraux invariables, ne doit pas être considéré comme une œuvre achevée, établie une fois pour toutes. Exiger qu'il ne reçoive des circonstances aucune modification est proprement une *maladie allemande*, surtout lorsqu'on s'autorise de cette exigence pour refuser d'en rédiger un. C'est le cas de rappeler que le mieux est l'ennemi du bien ; car un code parfait serait celui où tous les cas particuliers seraient prévus, ce qui est impossible. A ce titre aucune science ne peut être considérée comme achevée. Un arbre immense, antique, pousse toujours de nouvelles branches ; que dirait-on d'un homme qui ne voudrait pas planter d'arbres, de peur de les voir croître?

De même que, dans la société civile, le droit en soi devient loi, de même l'existence abstraite de mon droit individuel se change en existence universellement connue et consentie. Il faut donc que les acquisitions et tous autres actes relatifs à la propriété soient revêtus d'une forme qui établisse cette existence. La propriété repose donc maintenant sur le contrat, et sur les formalités qui en sont la preuve légale.

Je m'empare d'un bien sans maître; il faut que ce bien soit reconnu comme ma propriété. Ce sont les formalités légales (contrat, hypothèques, fossés, bornes, etc.) qui l'établiront. Chez les Romains, ces formalités étaient si nombreuses et si solennelles qu'elles devenaient le principal, et, comme on dit, *emportaient le fond*. On peut sans doute les trouver gênantes, fiscales, offensantes pour la bonne foi exprimée par le fameux proverbe : *un homme, une parole* [1]. Elles n'en ont pas moins le caractère essentiel de fixer comme droit général ce qui est droit en soi, de lui donner la force et la sécurité.

Du moment que la propriété et la personnalité sont légalement reconnues avec tous leurs droits dans la société civile, le crime n'est plus un tort fait à un individu seul, mais un tort fait à la chose publique qui a en soi une existence forte et puissante. Il faudra donc, pour

1. Ein Mann, ein Wort.

apprécier le crime, l'envisager au point de vue du danger qui en résulte pour la société.

Plus elle sera forte, plus elle pourra être indulgente. La nature du crime ne change pas ; mais sa quantité, c'est-à-dire sa grandeur, dépend de la manière dont la société l'envisage. Aux temps héroïques (voir les tragédies des anciens), les citoyens ne semblent pas se trouver lésés par les crimes qui ensanglantent les palais de leurs rois. C'est donc l'état de la société qui explique pourquoi le vol d'une rave ou de quelques sous a pu être à certaines époques légitimement puni de la peine capitale, tandis qu'à d'autres époques un vol cent fois plus considérable est frappé d'une peine bien moindre. Un code pénal est donc nécessairement sujet à changement, puisqu'il exprime l'état de la société où il est en vigueur, et le sentiment plus ou moins vif qu'elle ressent du péril que le crime lui fait courir.

Par elles-mêmes les fortes peines ne sont point injustes, si elles se trouvent en rapport avec l'état de la société.

Le droit, sous forme de lois, étant opposé à la volonté particulière et à l'opinion individuelle, doit marquer sa place comme chose générale.

Reconnaître ce droit, le réaliser, sans y avoir un intérêt personnel, incombe à un pouvoir public, aux tribunaux.

L'origine historique du juge et du tribunal procède soit des institutions patriarcales, soit de la force, soit d'un libre choix, ce qui est du reste indifférent pour la notion de la chose elle-même. Considérer la distribution de la justice comme un bon vouloir, une pure grâce du prince (voir Haller, *Restauration de la science de l'État*) est absurde. Il ne l'est pas moins de voir dans l'organisation de la justice la suppression de la liberté individuelle et un despotisme légué par les âges où régnait le droit du plus fort. La distribution de la justice est autant le devoir que le droit du pouvoir public, et il ne dépend d'aucune volonté individuelle de l'investir de ce droit ou de le lui refuser.

Le droit qui revêt la forme de la vengeance personnelle n'a pas le caractère juridique. Aussi, au lieu de la partie lésée, c'est la communauté, dont le tribunal est la personnification, qui se charge de poursuivre et de punir le crime. Alors la vengeance n'est plus vengeance : elle devient une peine édictée par les lois et qui satisfait à la justice.

Tout membre de la société civile peut faire partie des tribunaux (sauf les conditions de capacité, etc.), de même qu'il est tenu de se présenter en justice pour faire statuer sur ses droits en litige. Aux temps féodaux, les puissants s'en affranchirent souvent. Ils allaient jusqu'à provoquer les juges qui leur faisaient l'outrage de les citer. On peut dire qu'alors la justice et la liberté n'existaient point [1]. De nos jours, le prince soumet ses inté-

1. Un jurisconsulte allemand a dit à propos du moyen âge : La où il y a beaucoup de *libertés*, il n'y a pas de liberté. (Wo viele Freiheiten sind, ist keine Freiheit).

rêts privés à la décision des tribunaux, et chez les peuples libres il perd généralement son procès.

Devant les tribunaux, le droit doit pouvoir se prouver. La procédure permet aux parties de faire valoir les preuves et les arguments légaux; elle permet aux juges de se mettre au courant de l'affaire. Chacune de ses phases, rigoureusement déterminées d'avance, est donc un droit, et fait partie de la théorie du droit, de la jurisprudence. La société n'admet donc comme droit individuel que celui qu'on peut prouver d'après les règles établies par la loi.

Les formalités légales, par leur multiplicité, peuvent devenir l'instrument de l'injustice. Les parties en procès trouvent, dans l'institution de la justice de paix, un pouvoir conciliateur qui s'efforce de les mettre d'accord avant qu'elle évoque l'affaire devant les tribunaux.

Le jugement par arbitres ne s'occupe pas des formalités, mais seulement du contenu de la contestation. Il s'en tient au cas spécial qui lui est soumis, sans chercher à donner à sa décision un caractère général.

Le contenu d'un procès intéresse les parties; la décision légale ayant un caractère général, intéresse tout le monde. La justice doit donc être administrée publiquement. La délibération des juges n'étant encore que la manifestation particulière de leurs opinions, n'est pas publique de sa nature.

La force de la justice découle principalement de la confiance qu'elle inspire aux citoyens. Il faut que ceux-ci soient convaincus de l'équité des jugements; la publicité des débats judiciaires et des décisions des tribunaux peut seule leur donner cette conviction.

L'application de la loi à un fait comprend plusieurs éléments, savoir : la connaissance du fait et des circonstances où il s'est produit, la recherche de son auteur, et enfin la qualification légale du fait.

Diverses fonctions judiciaires y correspondent. Chez les Romains, le préteur décidait de la poursuite, mais, pour instruire l'affaire, il déléguait un juge particulier. Dans le droit criminel anglais, la qualification de l'action appartient exclusivement au ministère public, et le tribunal, même quand elle lui paraît inexacte, ne peut pas lui en substituer une autre [1].

Diriger l'instruction, le rétablissement du droit par la loi, appartient spécialement au juge, qui change une possibilité, une présomption en fait reconnu, et lui donne une qualification générale. La conviction de culpabilité basée sur l'examen des circonstances, sur les témoignages sanctionnés par le serment ne présente aucune certitude absolue. — Elle est donc toujours nécessairement subjective, c'est-à-dire donnée par la conscience du juge « *Animi sententia* ».

Il s'agit de savoir quelle forme prendra cette conviction devant la justice. L'aveu du coupable, généralement exigé par la loi germanique, satisfait au précepte qui veut

1. *Droit anglais*, par Laya. 2 vol. in-8°, 1845.

qu'on ait la conscience de ses actes; si le coupable ment, l'intérêt social peut être lésé; si alors, la conviction nécessairement subjective du juge l'emporte, le coupable n'est plus traité comme un homme libre. Pour sauvegarder en même temps l'intérêt de la justice et celui de l'individu, il faut que la décision de culpabilité ou de non-culpabilité vienne de l'âme même de l'accusé, but atteint par l'institution du jury.

La qualification de fait et la sentence émaneront donc du juge, mais non la décision de culpabilité ou de non-culpabilité, qui doit être rendue de manière à satisfaire au droit de l'accusé d'avoir pleine confiance dans ceux qui en décident. Il n'aura cette confiance que quand ces derniers seront ses égaux, d'autres lui-même.

L'application du jury aux autres affaires (civiles et commerciales) est, pour le même motif, le but où le législateur doit tendre. Il importe que pour des intérêts qui les touchent de si près, les citoyens ne soient pas constamment tenus sous la tutelle de juges de profession. L'instruction, de plus en plus répandue, permettra cet affranchissement, et rendra possible aux parties d'assister aux débats judiciaires, non-seulement de corps *(in judicio stare)*, mais en pleine connaissance de cause [1].

Par l'administration de la justice commence à se

1. Lerminier, *Philosophie du droit*, t. II, p. 307.

réaliser dans la société civile l'unité de l'intérêt général et de l'intérêt particulier. Par la police et les corporations cette unité s'achève.

III

LA POLICE ET LES CORPORATIONS.

Par la police et les corporations, le bien-être particulier de l'individu est traité et réalisé comme droit.

Les crimes sont déférés aux tribunaux.

La police fait régner l'ordre extérieur; elle intervient dans mille rapports sociaux, réprime ou prévient d'une manière parfois arbitraire des faits que n'atteignent pas les lois positives, et qui sans être coupables en eux-mêmes peuvent cependant nuire à autrui. C'est cette possibilité qui crée le droit de répression de la police. Ce droit varie nécessairement avec les circonstances. En temps de guerre par exemple, bien des faits ordinairement sans portée peuvent être dangereux. Ce caractère indéterminé, arbitraire, de l'action de la police a sans doute un côté vexatoire, et la liberté des citoyens peut avoir à souffrir d'une intervention qui ne manque jamais de prétextes pour se produire. Il est cependant impossible de tracer en cette matière une limite positive.

Les divers intérêts des producteurs et des consommateurs peuvent se trouver en lutte; l'administration a le droit d'intervenir alors jusqu'à un certain point, par la taxe des denrées les plus nécessaires à la vie, par les mesures qui assurent la liberté et la sincérité des transactions; elle empêche les accaparements, et veille à ce que la santé publique ne soit pas compromise. Mais, d'une manière générale, le commerce et l'industrie doivent être libres. Le travail des citoyens ne peut être réglementé, comme il le fut probablement chez certains peuples de l'antiquité. Les pyramides d'Égypte et les gigantesques édifices de l'Asie sont l'œuvre des citoyens que l'État astreignait à lui consacrer leur travail.

La société civile est la puissance irrésistible qui arrache l'individu à la famille, l'en affranchit et le reconnaît pour personne indépendante. Cette famille générale a des droits sur l'individu, qu'elle protége et qui est devenu un de ses membres. Ainsi, même contre la volonté arbitraire des parents, elle peut exiger que les enfants reçoivent de l'éducation, qu'ils soient vaccinés, etc., etc. L'éducation donnée par l'État a souvent rencontré beaucoup d'opposition de la part des familles. De grands débats ont eu lieu en France à ce sujet.

La société civile prendra aussi la tutelle de l'individu qui compromet sa fortune ou celle de sa famille.

Une loi d'Athènes voulait que chaque citoyen fît connaître ses moyens d'existence. On semble croire aujourd'hui que cela ne regarde personne. La société est cependant intéressée non-seulement à ce que l'individu ne meure pas de faim, mais surtout à ce qu'il n'aille pas grossir les rangs de la plèbe. Elle peut donc l'astreindre à s'occuper de sa subsistance.

A part leur imprudence, bien des accidents physiques ou autres, précipitent les individus dans la pauvreté. L'État, comme famille générale, a donc à s'occuper des pauvres. L'assistance publique supplée par les hôpitaux et les secours de toute sorte, à ce que la bienfaisance privée a d'incertain et d'insuffisant, de même qu'elle fait éclairer les rues, et ne s'en remet pas de ce soin à la bonne volonté de chacun.

Lorsqu'un grand nombre d'individus tombent, pour leur manière de subsister, au-dessous d'un certain niveau normal, il s'engendre dans la société une *plèbe*, et par contre, la richesse s'accumule démesurément dans un petit nombre de mains. Ce minimum de bien-être au-dessous duquel il n'y a plus que plèbe, varie nécessairement chez les différents peuples. Ce n'est pas la pauvreté en soi qui relègue un homme dans la plèbe. C'est plutôt le sentiment qu'il ne sortira pas de sa misère, l'abandon de toute activité, la haine qu'il conçoit contre les riches, contre la société, contre le gouvernement. En Angleterre, l'homme le plus pauvre croit encore avoir des droits. Les lazzaronis de Naples, au contraire, entièrement identifiés avec la pauvreté, ne songent même pas à en sortir. Il arrive parfois que la plèbe ne veut pas faire l'effort de subvenir à sa subsistance par le travail, et ne réclame pas moins sa subsistance comme un droit.

La question du paupérisme est la plus ardue et la plus douloureuse de notre temps.

Il est contraire aux principes de nourrir des pauvres qui se refusent au travail; c'est encourager leur dégradation morale. D'un autre côté, en les obligeant à gagner par leur travail les secours qu'on leur accorde, on risque de multiplier excessivement certains produits qui ne seront plus en rapport avec le nombre des consommateurs.

L'expérience en a été faite en grand en Angleterre, où la taxe des pauvres, des fondations innombrables, la bienfaisance privée la plus généreuse, n'ont abouti qu'à augmenter le nombre des pauvres.

Un système opposé a été essayé en Écosse, dans le but surtout de combattre la paresse et l'imprévoyance, et de réveiller le sentiment de l'honneur. L'État a cessé de s'occuper des pauvres, les abandonnant entièrement au hasard de la charité privée.

Cet excédant de consommateurs doit pousser la société civile à se répandre au dehors dans des contrées où ses membres sans ressources et sans travail pourront exercer leur industrie et assurer leur subsistance.

Si la terre ferme est la condition de la vie de famille, l'élément de la grande industrie est la mer. Par ce *médium* les nations les plus éloignées se rapprochent, se lient par des traités, et le commerce revêt son caractère *historique*.

C'est une pensée fausse que celle exprimée par Horace :

Deus abscidit
Prudens oceano dissociabili
Terras. . . . .

non-seulement les fleuves n'e sont pas des frontières naturelles, comme on le répète volontiers aujourd'hui, mais les mers rapprochent bien plus les hommes qu'elles ne les séparent. C'est ce que démontre l'examen des bassins des fleuves toujours peuplés par les mêmes races, et les antiques relations de la Grèce avec l'Ionie et la grande Grèce, de la Bretagne avec l'Angleterre, du Danemark avec la Norwége, de la Suède avec la Finlande, la Livonie, etc., et par contre le peu de communications qu'entretiennent souvent les habitants des côtes avec ceux de l'intérieur. Les peuples sans marine comme les Égyptiens et les Indous, restent plongés dans la superstition et la routine. Tous les peuples qui ont joué un grand rôle historique ont possédé une marine.

La colonisation est sporadique ou systématique.

La colonisation sporadique est le fait des individus isolés qui ne trouvant plus chez eux des moyens d'existence, vont en chercher dans d'autres pays, mais restent désormais sans liens avec la mère-patrie, et ne sont plus d'aucune utilité pour elle. C'est ainsi qu'elle s'accomplit en Allemagne où les colons émigrent pour l'Amérique, la Russie, etc.

La colonisation systématique offre un tout autre caractère. Elle est organisée par l'État dans un but déterminé. Les anciens, les Grecs notamment, la pratiquaient beaucoup.

Quand la population d'une cité s'accroissait outre mesure, une partie de la jeunesse était envoyée dans une autre contrée, soit désignée d'avance, soit laissée au hasard de la découverte. Dans les temps modernes, les colonies n'ont généralement pas les mêmes droits que leurs métropoles. De là, des guerres et l'émancipation, comme on l'a vu pour l'Amérique anglaise et espagnole. L'expérience montre que l'émancipation des colonies est un avantage pour la mère-patrie, comme l'affranchissement des esclaves est un avantage pour le maître.

La corporation caractérise spécialement l'état industriel qui forme le terme moyen entre l'état agricole ou substantiel, et l'état général.

Dans la société civile, le travail est nécessairement divisé en diverses branches. Chacune d'elles forme un ensemble, qui a son but, sa destination, ses intérêts spéciaux et qui est susceptible d'arriver à l'existence comme association. C'est là la corporation, qui est comme la seconde famille de l'individu.

L'homme de métier diffère du journalier comme de tout travailleur qui ne remplit qu'une tâche isolée, accidentelle. Maître ou aspirant à le devenir, son activité tout entière est acquise à l'association dont il est membre. Les priviléges d'une des branches de la société civile constituée en corporation diffèrent des priviléges proprement dits, en ce que ces derniers sont des exceptions aux lois générales, tandis que les autres, découlant de la nature particulière d'une division essentielle de la société, revêtent un caractère légal.

L'institution des corporations, par la sécurité qu'elle assure aux travailleurs, est dans une harmonie profonde avec l'agriculture et avec la propriété privée. L'ouvrier qui ne fait point partie d'une corporation autorisée (et celles-là seules sont les vraies corporations), n'est plus animé par le sentiment de l'honneur professionnel. Il reste isolé. Son existence n'a plus rien de stable. Dans la corporation les secours donnés aux membres pauvres perdent leur caractère accidentel et humiliant. Le droit naturel de l'individu d'employer sa capacité à acquérir ce dont il a besoin, se trouve dans la corporation, reconnu, protégé, ennobli, et élevé à la hauteur d'un but commun à atteindre.

Lorsque la sainteté du mariage et l'honneur professionnel dans les corporations diminuent, la société civile marche à sa désorganisation.

A notre époque, on a supprimé les corporations, et durement refoulé l'individu sur lui-même. D'un autre côté, les citoyens n'ont qu'une part très-restreinte aux affaires générales de l'État. Il est utile cependant de donner à l'homme social un champ d'activité général en dehors de son intérêt particulier.

Il le trouve dans la corporation. Nous avons vu plus

haut que dans la société civile l'individu qui travaille pour lui travaille en même temps pour les autres. Cette solidarité nécessaire ne suffit point. Dans la corporation, elle prend conscience d'elle-même. L'État sans doute, conserve ici son droit de haute tutelle, car la corporation n'est pas une caste fermée, mais une institution qui moralise et encourage le travail individuel.

C'est la poursuite des buts généraux réalisée par le travail, la police, et les corporations, qui forme le passage de la société civile à l'État.

L'État apparaît ainsi comme un résultat, mais en réalité la famille et la société civile présupposent l'existence de l'État, de l'organisme social ayant conscience de lui-même.

III

L'ÉTAT

L'État est le monde moral réalisé et organisé. Son essence est la raison manifestée comme volonté générale et libre. L'État est le but absolu, et comme tel, il a un droit supérieur à celui des individus dont le premier devoir est d'être membres de l'État, car l'État n'est pas seulement une société civile ayant pour fin unique la protection de la personne et des biens de chacun, l'intérêt individuel. L'individu doit vivre de la vie générale. Il n'a de signification, de vérité, de moralité que comme membre de l'État, et par son rapport à lui. On peut dire de l'État ce qu'on a dit de la croyance à la divinité, qu'un peu de philosophie en éloigne, que beaucoup de philosophie y ramène. De même que la raison consiste dans l'unité du général et de l'individuel, de même, dans l'État, l'individualité et la liberté se combinent avec la volonté générale dont les lois sont l'expression. C'est là la vraie notion de l'État, quelle que soit du reste l'origine historique de chaque État en particulier, patriarcat, conquête, etc.

Rousseau a eu le mérite de formuler comme base de l'État, un principe qui est la *pensée* même, c'est-à-dire la *volonté*, mais (de même que Fichte), il n'a conçu la volonté générale que comme la somme des volontés individuelles, et non comme l'activité de l'idée universelle. De là, sa théorie de l'État, envisagé comme le résultat d'un contrat librement et volontairement consenti. On l'a vu passer dans les faits pendant la Révolution française, lorsque ceux qui venaient de renverser de fond en comble les institutions d'un grand peuple, prétendirent les rétablir sur la seule base de la raison. Ce fanatisme de la pensée abstraite qui n'était pas sans grandeur amena les plus désastreuses conséquences.

L'État est le tout moral, la réalisation de la liberté, car le but absolu de la raison est de réaliser la liberté

Mais il n'est l'État qu'en tant qu'il a conscience de lui-même comme personnalité indépendante dont les individus ne sont que les moments. Il est facile en comparant chaque État au type que l'on se forme, d'y découvrir des imperfections, car l'État n'est pas une œuvre d'art; il subsiste dans le monde, c'est-à-dire dans la sphère de l'accident, du caprice et de l'erreur. Mais l'homme le plus imparfait, criminel, difforme, ou malade, n'en est pas moins un homme vivant. La vie subsiste avec ses défauts inévitables.

L'État est d'abord, dans son développement intérieur, droit public intérieur, ou constitution.

Comme existence individuelle en rapport avec les autres États, il est droit public extérieur.

Comme idée absolue de l'État, opposée aux États particuliers, il est le développement de l'esprit dans sa réalité, le *processus* de l'histoire universelle.

L'État comme réel, est essentiellement État individuel et ensuite État particulier. Il faut distinguer l'individualité de la particularité. Elle est un moment de l'idée même de l'État, tandis que la particularité (la nature particulière de chaque État) appartient à l'histoire. Les États, comme tels, sont indépendants les uns des autres, et leur rapport serait purement extérieur s'ils n'étaient dominés par un troisième terme. Ce troisième terme est l'esprit qui se développe dans l'histoire, et qui exerce sur eux sa juridiction absolue. Que des États particuliers se liguent, ou s'efforcent de se constituer en tribunal pour les autres nations (comme la Sainte-Alliance), il n'y a là, comme dans les conventions de paix perpétuelle, rien que de relatif et de borné. Le juge unique et absolu, c'est l'esprit universel.

I

LE DROIT PUBLIC INTÉRIEUR.

L'État est l'unité de la famille et de la société civile. Dans les États de l'antiquité classique, l'individualité des citoyens était entièrement sacrifiée à la vie publique. Dans les États modernes, plus parfaits, le citoyen est plus libre de développer son individualité.

Il faut distinguer dans l'État, en tant qu'esprit, les déterminations particulières de sa notion.

Pour emprunter un exemple à la nature, le système nerveux est proprement le système sentant. L'analyse de la sensibilité y reconnaît pourtant deux moments différents qui apparaissent comme formant chacun un système complet. C'est d'abord celui de la sensibilité générale existant simplement dans soi, sans rapport à autre chose (digestion, reproduction). C'est ensuite le moment de la sensibilité sollicitée du dehors, et repoussant ce qu'elle a reçu en sentant, l'irritabilité. — Les êtres vivants de l'ordre le plus inférieur ne dépassent pas la première de ces formes de la vie, et ne s'élèvent pas à l'unité de la sensation. En comparant ces déterminations naturelles avec celles de l'esprit, on voit que la famille correspond à la sensibilité générale, la société civile à l'irritabilité.

Le troisième terme, l'État, est le système nerveux tout entier, existant pour soi, mais seulement en tant que ses deux moments, la famille et la société civile, sont compris en lui avec leur développement.

Dans la République de Platon, la liberté subjective n'existe pas, car c'est l'autorité qui assigne à chaque individu sa fonction. Dans beaucoup d'États orientaux, c'est le hasard de la naissance qui en décide. Les vrais principes commandent que le choix d'une profession soit entièrement libre.

Dans l'État, le droit et le devoir sont identiques. Des esclaves n'ont pas de devoirs, parce qu'ils n'ont pas de droits. (Je ne parle pas ici des devoirs religieux.)

L'État est à lui-même son objet et son but. On ne peut donc pas dire que son but est le bonheur des citoyens. Mais il faut reconnaître qu'un État où l'intérêt individuel ne trouve pas sa satisfaction légitime, repose sur une base mal assurée.

On entend généralement par sentiment politique, patriotisme, une disposition à des actions, à des sacrifices extraordinaires.

Ce n'est autre chose cependant que la conscience plus ou moins réfléchie que l'intérêt de chacun est compris et sauvegardé dans l'intérêt de l'État. Comme les hommes, pris en masse, sont plus portés à la grandeur d'âme qu'à la stricte justice, ils se flattent souvent de posséder, à défaut du vrai sentiment politique, cette disposition à des efforts extraordinaires.

Les ignorants se plaisent à proposer des réformes et à blâmer, car blâmer est facile. De même, en matière religieuse, on a bientôt prononcé que telle ou telle croyance est superstitieuse, tandis qu'il est bien plus difficile d'en donner la raison. Le sens politique consiste surtout à savoir reconnaître ce que les hommes veulent réellement.

Les hommes ont instinctivement foi dans la durée de l'État. Ils sentent que seul, il peut donner satisfaction à leurs intérêts particuliers ; mais l'habitude leur rend pour ainsi dire invisible cette organisation d'où toute leur existence dépend. Ainsi, chacun, la nuit, va en sûreté par les rues, trouvant toute naturelle cette sécurité qui est devenue habituelle.

L'État est organisme, c'est-à-dire développement de l'idée avec ses différences. Il forme un système de fonctions à la fois différentes et conspirant à la même fin. Cet organisme est la constitution politique. Elle émane éternellement de l'État, et l'État est contenu dans elle. S'ils tombent l'un en dehors de l'autre, s'ils se posent séparément, l'unité est brisée. C'est la fable des membres et de l'estomac. Il est dans la nature de l'organisme que chaque partie n'existe que pour l'ensemble. Si quelqu'une est posée comme indépendante, l'organisme entier marche à sa dissolution.

C'est le moment de traiter des rapports de l'État avec la religion. On a souvent avancé, dans ces derniers temps, que la religion est le principe de l'État, et cru voir dans cette théorie le dernier mot de la science politique. Aucune opinion n'est plus propre à jeter la confusion dans les esprits, ni plus contraire à la vraie notion de l'État. On recommande avec raison la religion, pour ses consolations et ses promesses, aux époques de misère publique et d'oppression. On veut qu'elle reste impassible en face des intérêts terrestres. Mais c'est méconnaître la mission de l'État que de prétendre gouverner de par le sentiment religieux et non de par le droit[1]. Il ne faut pas oublier, d'ailleurs, que parfois la religion a pris la forme la plus despotique, et a fait, de certains peuples, des troupeaux d'esclaves dégradés, comme par exemple des Hindous et des Égyptiens adorateurs des animaux. Il faut donc qu'en face d'elle il subsiste un pouvoir qui maintienne les droits de la raison et de la liberté. Mais la véritable détermination du rapport de la religion avec l'État, résulte de leur notion. La religion contient la vérité absolue, mais sous la forme d'une intuition, d'un sentiment qui reconnaît la divinité pour la cause et le principe infinis où toutes choses trouvent leur raison d'être, leur certitude et leur justification. Elle ne poursuit ni but, ni intérêts terrestres, elle représente la morale et le devoir, mais sans entrer dans les

1. Allusion aux doctrines de M. de Haller. *Revue critique de législation de jurisprudence*, année 1855, p. 477.

mille rapports de la vie sociale et politique. L'État, avec son mécanisme compliqué d'institutions et de lois, a pour mission d'organiser le monde réel, et les devoirs qu'il prescrit trouvent dans la conscience humaine leur confirmation.

S'il abandonne ce terrain pour reconnaître comme la sienne propre la forme du sentiment et de la foi, la forme religieuse, il perd son essence pour tomber dans la confusion et le chaos. Le caractère objectif et général des lois disparaît. Pourquoi, d'ailleurs, des lois pour l'homme qui n'en reconnaît pas l'autorité? Il s'en affranchit, prêt à traiter d'impies ses victimes et ses adversaires. C'est là le fanatisme religieux, aussi funeste que le fanatisme politique, bouleversant l'ordre légal, et représentant la famille, la propriété, les mille rapports et travaux de la société civile, comme des vanités et des mensonges. Ces gens qui croient posséder immédiatement le juste et le vrai, sans s'assujettir à la pénible recherche du droit et du devoir, ne peuvent que dissoudre tous les liens moraux. Le fanatisme d'aujourd'hui ne va pas si loin et se contente de gémir; c'est qu'il est bien affaibli.

Bien entendue, la religion ne prend point vis-à-vis de l'État cette attitude négative et polémique. Au contraire, elle le reconnaît et l'affermit par sa libre manifestation. Le culte qui se compose de pratiques et d'enseignements, exige un personnel et des propriétés. De là, les rapports de l'Église et de l'État. L'État a le devoir d'assurer à chacun la protection nécessaire à l'exercice de son culte. Il peut même (car le sentiment religieux est aussi un élément de sa vie propre) demander à chacun de ses sujets d'appartenir à une Église sans intervenir pour cela dans le domaine de la conscience. Plus même il sera fort et libéral, plus il laissera sans danger s'agiter dans son sein les sectes religieuses, celles même qui ne se reconnaissent pas de devoirs directs envers lui, et qui (comme les quakers) n'acceptent que passivement les charges qui incombent à leurs adhérents comme membres de la société civile.

Les propriétés et les individus affectés au culte, ne peuvent se soustraire aux lois de l'État. Toute société religieuse qui devient une Église, tombe immédiatement sous sa haute juridiction. La doctrine seule y échappe. Mais en tout ce que la religion a d'*extérieur* (et ceci s'applique à l'enseignement que donnent les corporations religieuses), le contrôle de l'État peut s'exercer; car l'État, comme système du monde moral, a aussi des doctrines qui s'expriment par ses institutions et ses lois. Ainsi, le serment, le mariage, bien que confirmés par la religion, n'en sont pas moins en eux-mêmes des rapports moraux absolus. Sans doute, à certaines époques historiques, l'État n'était que l'organisation de la conquête, de l'égoïsme et de la violence, et l'Église représentait seule les tendances supérieures de l'humanité. Mais ce sont là des accidents qui ne doivent pas faire oublier que l'essence de l'État est la raison réalisée, et qu'à ce titre il représente la liberté de la pensée et de la science.

L'unité de l'Église et de l'État a été représentée de nos jours comme l'idéal des sociétés. Le despotisme oriental offre cette unité si préconisée; mais alors l'État n'existait pas dans sa vérité, puisqu'il ne s'était pas encore distingué de la forme de l'autorité et de la foi. Il ne faut donc pas demander si l'État a perdu à se séparer de la religion, car ce n'est que par cette séparation qu'il s'est réalisé. Il vaut mieux conclure que l'Église et l'État ont gagné tous deux à cette séparation.

On dit que l'État doit se fonder sur la religion, parce que les hommes gouvernés par des dogmes rigoureux sont plus disposés à l'obéissance. Mais la religion chrétienne est la religion de la liberté. Ce n'est qu'en perdant son vrai caractère qu'elle devient tyrannique. Cependant chez les peuples où ferait défaut le respect des institutions, le sentiment religieux pourrait y suppléer dans une certaine mesure. Mais la religion, comme telle, ne doit jamais être le principe du gouvernement.

Dans l'irritabilité, l'organisme vivant, l'animal se trouve particularisé, partagé en deux entre le dedans et le dehors[1]. De même, dans l'organisme social. L'État intérieur, comme tel, est le pouvoir civil; la tendance au dehors est le pouvoir militaire. Il est de la plus haute importance que ces deux éléments se fassent

1. Hegel, *Philosophie de la nature*, tome III, p. 215. Traduction de M. Véra.

contre-poids. Parfois, comme au temps des Césars et des prétoriens, le pouvoir civil est absorbé. De nos jours, en Prusse, le pouvoir militaire ne procède que du pouvoir civil, parce que tous les citoyens portent les armes[1].

Les pouvoirs, dans l'État, doivent être séparés, mais chacun doit former un tout, sans cependant prétendre exister d'une manière partielle et pour soi, car les différents pouvoirs ne sont que les moments de l'idée de l'État. Si chaque pouvoir arrive à une existence indépendante, l'unité cesse et l'État est bouleversé, ou bien, l'unité se reconstitue par la violence. La Révolution française en a donné des exemples mémorables. Le pouvoir législatif a d'abord absorbé le pouvoir exécutif, et bientôt après, le pouvoir exécutif a absorbé le pouvoir législatif.

L'universalité, la particularité et l'individualité, ces trois moments de la notion, se retrouvent dans l'État. La division généralement adoptée des pouvoirs en législatif, exécutif et judiciaire, ne répond pas à la logique, car l'individualité n'y est point exprimée.

L'État politique comprend trois divisions substantielles :

1° Le pouvoir législatif qui détermine et maintient l'universel;

2° Le pouvoir dirigeant, ou gouvernement, qui rat-

1. Karl Hillebrand : *la Prusse contemporaine et ses institutions*, p. 219-230.

tache et subordonne les intérêts particuliers à l'universel;

3° Le pouvoir du prince, c'est-à-dire la monarchie constitutionnelle, qui résume les divers pouvoirs dans son unité individuelle.

La transformation des États européens en monarchies constitutionnelles est l'œuvre de notre époque. Toutes les autres formes expriment des degrés inférieurs du développement de la raison politique. L'antique division des constitutions en monarchies, aristocraties et démocraties, appartient au passé. Chacune de ces divisions absolues se retrouve comme un des moments de la monarchie constitutionnelle. Ainsi le monarque est pouvoir d'un seul; le gouvernement pouvoir de quelques-uns; les chambres législatives pouvoir de tous. Il n'est cependant pas exact de dire que de notre temps, on retrouve dans la monarchie des éléments aristocratiques et démocratiques, car ces éléments perdent leur caractère en se combinant avec la monarchie. Il y a des constitutions qui ne prononcent pas expressément si l'autorité appartient à tous, à plusieurs, ou à un seul.

Aussi, Fichte (*Droit naturel*, 1re partie, page 196), croit toutes ces formes bonnes et conformes au droit général, pourvu qu'elles admettent un *éphorat* comme contre-poids à l'autorité suprême. Cette opinion n'est pas conforme à la vraie notion de l'État.

Dans un état de société tout à fait simple et primitif, ces distinctions ont sans doute peu ou point d'importance. Nous voyons Moïse dans sa législation, prévoyant le cas où le peuple se donnerait un roi, n'indiquer aucun changement à opérer aux institutions, et se borner à recommander que l'on ne prodigue point au monarque les cavaliers, les femmes, et les richesses. (*Moïse*, 5e livre, 17.)

On peut dire du reste que ces trois formes (monarchique, aristocratique et démocratique), se valent en ce sens qu'aucune d'elles n'épuise le développement de l'idée. Il n'en faut pas moins admirer les vues profondes de Montesquieu dans sa célèbre appréciation des principes de ces diverses formes de gouvernement.

Comme on sait, il donne pour principe à la démocratie, la vertu ; mais lorsqu'il parle du beau spectacle qu'offrirent au siècle dernier les efforts impuissants des Anglais pour établir chez eux la démocratie, efforts restés inutiles, faute de vertu chez les chefs du mouvement, et quand, plus loin, il assure que lorsque la vertu disparaît, l'ambition entre dans les cœurs qui peuvent la recevoir et l'avarice dans tous, que l'État n'est plus qu'une proie et sa force le pouvoir de quelques citoyens et la licence de tous, ses idées ne doivent être acceptées qu'avec certaines réserves. Il faut se dire, en effet, que dans un état avancé de société, où les puissances de l'individualité sont affranchies, la vertu personnelle des gouvernants est loin de suffire à leur difficile mission, qui exige d'autres modes d'action que le sentiment. De même, de ce que l'essence de la démocratie est la vertu, il n'en faut pas conclure à son inutilité dans l'organisation monarchique. La modération doit présider à la forme aristocratique, qui oscille sans cesse entre la tyrannie et l'anarchie, par suite de l'opposition de l'intérêt de quelques-uns à la puissance de tous, comme l'histoire romaine en témoigne.

Quand Montesquieu reconnaît l'honneur pour le principe de la monarchie, il n'entend pas évidemment parler de la monarchie antique ou patriarcale, mais de la monarchie féodale seule, fondée sur les privilèges dont jouissaient les individus et les corporations. Le concours de cette masse de privilégiés aux charges de l'État dépendait de leur volonté arbitraire. Pour eux l'obligation revêtait la forme de l'honneur, et non celle du devoir.

On demande quelquefois : qui doit faire la constitution ? Cette question suppose déjà une constitution antérieure en exercice, qu'il s'agit seulement de modifier. Un ramas *atomistique* d'individus, sans organisation aucune, ne peut même se concevoir. La constitution ne doit donc pas être considérée comme quelque chose qui a été fait, mais qui au contraire existe en soi et par soi.

La constitution d'un peuple correspond à la conscience qu'il a de lui-même ; elle doit être l'expression de son esprit. C'est une entreprise vaine que de la décréter à priori. Chaque peuple possède celle qui est le mieux appropriée à ses tendances, à ses besoins du moment. Une constitution doit embrasser tous les rapports sociaux. Ainsi, Napoléon a voulu, sans succès, imposer aux Espagnols une constitution à priori. Pareille œuvre ne s'improvise pas. Les institutions que ce monarque apportait aux Espagnols, étaient certainement plus raisonnables que les leurs ; ils les repoussèrent cependant, d'abord parce qu'elles venaient de l'étranger, et aussi parce qu'ils n'étaient pas suffisamment préparés à les adopter. Un peuple doit retrouver dans sa constitution le sentiment de son droit, et de son indépendance. Venue du dehors, elle n'a ni sens, ni valeur pour lui.

I

LE POUVOIR DU PRINCE

La puissance du prince est le moment de l'individualité, qui contient les trois moments de l'État, c'est-à-dire le général, exprimé par la constitution et les lois ; la délibération comme rapport du particulier au général, et la décision. Elle est donc à la fois ce qu'il y a de plus individuel et de plus général, la *souveraineté,* le principe vivifiant qui contient en lui toutes les différences.

La détermination fondamentale de l'État politique est l'unité où viennent se résumer les fonctions et les pouvoirs particuliers qui le constituent. Il en est de cette unité comme de la vie dans un corps organisé. Elle réside dans chaque partie ; elle est la même pour chaque point du corps. Toute partie qui en est séparée périt aussitôt, de même que dans l'État, les pouvoirs, les groupes, les corporations qui tendraient à exister indépendants, et non plus en vue de l'ensemble.

Les diverses activités et fonctions de l'État, bien qu'exercées par des individus, lui appartiennent en propre, et ne peuvent tomber dans la propriété privée. Aussi les charges ne seront ni vendues ni léguées. En France, les charges de la magistrature étaient vénales; il en est de même encore en Angleterre pour la plupart des grades de l'armée. Mais ce sont là des vestiges du moyen âge, qui sont en train de disparaître tout à fait. Le choix des fonctionnaires (sauf les conditions de capacité), appartient au prince.

La souveraineté est intérieure et extérieure. Dans l'ancienne monarchie féodale, l'État existait surtout pour l'extérieur. A l'intérieur, ni le monarque, ni l'État lui-même n'étaient souverains. Les différents groupes ou corporations qui constituaient la société civile, formaient plutôt un agrégat qu'un organisme.

La souveraineté ne doit pas être conçue comme l'équivalent du despotisme. Ce qui caractérise le despotisme, c'est la volonté particulière comme telle, que ce soit la volonté d'un monarque, ou celle d'un peuple (ochlocratie), qui agit comme loi, ou plutôt à défaut de toute loi.

La souveraineté de l'État, expression suprême de sa volonté, se réalise comme personnalité dans un individu, dans le chef de l'État, le monarque.

La personnalité de l'État est la conscience qu'il a de lui-même, mais la personnalité et la subjectivité en général n'ont leur vérité que comme personne, sujet existant pour soi, et ce qui existe pour soi est nécessairement *quelqu'un*. La personnalité de l'État n'est donc réelle que comme personne du monarque. Toute autre personne morale, société, commune, famille, ne contient la personnalité que comme un moment partiel. Elle n'est point arrivée à la vérité de son existence, tandis que l'État est la totalité où les moments de la notion se réalisent selon leur vérité.

La notion du monarque est des plus difficiles à saisir pour l'entendement, qui s'arrête à des déterminations isolées, à des point de vue finis. C'est à tort surtout qu'on conçoit le monarque comme un terme qui s'ajoute aux autres, et qui ne procède pas de lui-même. Ceux qui fondent la monarchie sur le droit divin, expriment mieux ainsi, à leur manière, ce qu'il y a d'*inconditionnel* dans l'idée du monarque. Mais leur théorie se prête à des malentendus funestes et c'est à la philosophie à en révéler le vrai sens.

La souveraineté du peuple peut être conçue comme son indépendance vis-à-vis des autres nations. Ainsi, le peuple de la Grande-Bretagne sera à bon droit appelé souverain. Mais les peuples d'Angleterre, d'Irlande, d'Écosse ou de Venise, de Gênes, de Ceylan, pris chacun à part, ne méritent pas ce nom depuis qu'ils n'ont plus de chefs ou de gouvernements qui leur soient propres. On peut dire aussi de la souveraineté à l'intérieur, qu'elle réside dans le peuple si par là on entend l'État. Mais, considérer comme on le fait souvent à notre époque la souveraineté du peuple, en opposition à la souveraineté qui s'exprime par le chef de l'État, le monarque, constitue une grave erreur. Le peuple sans le monarque et sans l'organisation qui en dépend, n'est plus qu'une masse confuse, et ne forme plus un État.

Dans toute constitution (monarchie, aristocratie et démocratie), se retrouve le sommet personnel qui décide, selon le besoin des circonstances, roi, général, ou homme d'État, car toute entreprise commence et s'accomplit par l'action d'un chef.

Dans l'organisation de l'État, c'est-à-dire dans la monarchie constitutionnelle, on ne doit rien considérer que la nécessité de l'idée en soi. Tous les autres points de vue doivent s'évanouir. L'État est un édifice gigantesque, un *hiéroglyphe de la raison* qui se développe dans la réalité. L'imagination conçoit facilement l'État comme volonté souveraine. La difficulté consiste à se représenter ce : *je veux* comme une personne. Cela ne signifie point que le monarque puisse agir arbitrairement. Au contraire, là ou les institutions sont fortes, il n'a pour ainsi dire qu'à mettre les points sur les *i*, qu'à signer les décrets. Mais c'est ce nom même qui est efficace ; c'est là le mot magique contre lequel rien ne prévaut.

La démocratie d'Athènes peut paraître savamment organisée ; à chaque instant cependant, les Grecs demandaient leurs résolutions suprêmes à des phénomènes extérieurs (oracles, entrailles des victimes, vol des oiseaux). C'est que leur esprit n'était pas encore émancipé de la nature. Ils la sollicitaient de faire connaître ce qui était utile aux hommes. Le démon de Socrate, cet oracle intérieur, exprime le moment où l'esprit hellénique a commencé à avoir la conscience de sa liberté.

Cette volonté suprême de l'État, conçue comme supérieure aux points de vue arbitraires et particuliers, constitue la *majesté* et l'irresponsabilité du monarque. C'est là l'unité réelle de l'État ; cette unité doit être immuable, c'est-à-dire posséder une existence extérieure immédiate, par l'hérédité du pouvoir monarchique.

La monarchie héréditaire se déduit donc de l'idée même de l'État, sans qu'il soit nécessaire d'invoquer d'autres considérations, justes du reste, telles que l'intérêt du peuple, l'utilité d'empêcher la lutte des factions pour le trône, etc. La royauté élective peut paraître une forme de gouvernement plus naturelle. Ce point de vue n'a pas plus de valeur que ceux qui consistent à se représenter le monarque comme le plus haut fonctionnaire de l'État, et son rapport avec le peuple comme résultant d'un contrat.

Si le monarque doit être considéré comme partie et achèvement de la constitution, il faut reconnaître qu'il n'en est plus de même chez un peuple conquis. Aussi, ne doit-on pas assimiler l'insurrection d'une nation violemment soumise, à la sédition qui éclate dans un État bien organisé. — Le peuple conquis n'est plus avec son prince dans la communion de l'idée. Il n'y a pas entre eux liaison d'État, il n'y a que contrat. *Je ne suis pas votre prince, je suis votre maître*, répondit Napoléon aux députés d'Erfurt.

De la souveraineté du monarque découle le droit de grâcier les coupables. La grâce est la remise de la peine, mais elle ne rend pas le coupable innocent. La religion seule peut faire que ce qui est arrivé n'est point arrivé.

La monarchie héréditaire par primogéniture procède historiquement du principe patriarcal, mais c'est un des derniers résultats du progrès, plus prôné que compris, et de la plus grande importance pour la liberté publique, que de l'avoir conçue comme la suprême expression de l'organisme de l'État. L'histoire des despotismes de toute sorte n'offre qu'une série de bouleversements, de coups d'État et de guerres civiles. L'amour d'un peuple pour sa dynastie, le caractère, le serment, la force publique peuvent sans doute être envisagées comme des garanties subjectives de prospérité et de stabilité. Mais les vraies garanties objectives sont les institutions. La liberté publique d'un côté, l'hérédité du trône de l'autre, sont des garanties réciproques en rapport absolu, parce que la liberté publique est la constitution raisonnable, et parce que l'hérédité de la puissance du prince est, comme nous l'avons montré, l'un des moments de sa notion.

II

LE POUVOIR DIRIGEANT

Le pouvoir dirigeant qui rattache les intérêts particuliers à l'ensemble, comprend la justice et l'administration ; on peut le définir la *loi en action.*

Les intérêts communs *particuliers*, dans la sphère de la société civile, sont gérés au sein des communes et des corporations par les maires, délégués, prud'hommes, etc., désignés par leurs concitoyens et compagnons d'état, confirmés par l'autorité supérieure. Les représentants directs du pouvoir dirigeant, les fonctionnaires de l'État, veillent à l'exécution des lois et au maintien des intérêts généraux.

On retrouve dans les affaires du gouvernement la division du travail. La difficulté est d'imprimer aux diverses branches une direction unique. Une même affaire, par exemple, peut être envisagée à des points de vue divers par l'administration et par la justice.

— On remédie ordinairement à cette difficulté au moyen d'un chancelier d'État, président du conseil, ou premier ministre, chargé de la direction suprême. Mais alors on a à craindre les abus de la centralisation. Ce dernier régime fut inauguré en France pendant la Révolution [1], perfectionné par Napoléon, et est encore en vigueur aujourd'hui. — Les affaires de l'État y gagnent d'être traitées d'une manière plus uniforme, mais, par contre, la France manque de corporations et de communes vraiment indépendantes, c'est-à-dire de l'organe où se rencontrent les intérêts généraux et particuliers. Au moyen âge, ces organes avaient une trop grande indépendance et formaient de véritables États dans l'État. Il ne faut pas oublier cependant que la véritable force des nations réside dans les communes. Il importe que les sphères inférieures de la société soient organisées avec soin, et ne restent pas à l'état d'amas confus, de *poussière atomistique*.

Les affaires du gouvernement sont objectives et se réalisent par des individus, qui n'ont avec elles aucun lien naturel immédiat. Ce n'est donc point la naissance, mais la capacité prouvée qui doit donner droit aux emplois. L'Etat est mieux servi, et tous les citoyens peuvent s'élever par leur mérite à l'Etat général. Le côté subjectif se retrouve dans le droit du prince de choisir entre les individus capables.

1. La centralisation administrative a commencé en France à une époque bien antérieure. (Tocqueville, *l'Ancien régime et la Révolution.*)

L'individu qu'une décision du souverain appelle à une fonction publique a le droit d'y trouver l'affranchissement des nécessités de la vie. L'Etat ne compte pas sur des services gratuits, et fondés sur le bon plaisir de l'individu. L'idéal de ce genre de services, est donné par les légendes des chevaliers errants, redresseurs de torts. Un autre extrême serait de considérer les fonctionnaires comme des serviteurs ordinaires, remplissant leur tâche par nécessité, sans croire remplir un devoir, et sans s'être préparés à le remplir. — Une fonction publique n'est pas un contrat, bien qu'on y retrouve le concours de deux volontés, et l'obligation. Le fonctionnaire n'est pas institué pour une affaire individuelle, comme le mandataire ordinaire; aussi son infidélité ou son injustice a un caractère général et lèse la société tout entière.

La garantie de l'Etat et des gouvernés contre l'abus de pouvoir des tribunaux et des fonctionnaires consiste dans la hiérarchie et la responsabilité, et d'un autre côté dans le droit de contrôle qui appartient aux communes et aux corporations. Quand il ne peut s'exercer, l'intervention du souverain devient nécessaire. Un exemple célèbre de cette intervention fut donné par Frédéric II dans l'affaire du meunier de Sans-Souci.

Les fonctionnaires forment une portion importante de la classe moyenne, où se résume l'intelligence, et la conscience juridique de la masse du peuple. Dans ces conditions, ils ne peuvent s'isoler de lui, et devenir, comme chez certains peuples, une sorte d'aristocratie administrative et judiciaire, pédante et tyrannique.

Un Etat qui ne possède point de classe moyenne n'est pas encore parvenu au plus haut degré de civilisation. Nous le voyons par l'exemple de la Russie.

III

LE POUVOIR LÉGISLATIF

Le pouvoir législatif qui fait les lois et les modifie, selon les besoins amenés par les circonstances, fait partie de la constitution et la présuppose.

La constitution doit être le terrain solide où s'appuie le pouvoir législatif. Elle *est*, ou plutôt, elle *devient* sans cesse, c'est-à-dire elle marche à une forme nouvelle. Ce progrès est un changement qui demeure longtemps invisible, parce qu'il ne prend pas la forme du changement. Ainsi, par exemple, autrefois, en Allemagne, les biens des princes et de leur famille étaient propriétés privées; puis sans opposition, ils ont pris le caractère de domaine public, de biens de l'Etat, parce que les princes ont senti le besoin de les rendre inaliénables en les faisant garantir par le pays, et par les États du pays, cessant ainsi d'en avoir la disposition arbitraire et unique.

De même, les empereurs qui autrefois étaient de vrais

juges, et parcouraient l'empire en rendant des décisions, ont peu à peu délégué ces fonctions à d'autres, et le pouvoir judiciaire qu'ils exerçaient est devenu l'apanage de colléges spéciaux. C'est par ces changements longtemps insensibles, qu'avec le temps, une constitution arrive à un état tout différent.

Les deux côtés de la constitution ont rapport aux droits des individus, et aux charges dont ils sont tenus envers l'Etat.

Dans la République de Platon, les chefs assignent aux citoyens leurs fonctions diverses, et répartissent entre eux les impôts. Durant la monarchie féodale, les vassaux étaient assujettis à des obligations tout à fait indéterminées ; ils devaient même parfois rendre la justice. En Orient, par exemple, en Egypte, on exigeait du peuple des corvées pour la construction de monuments gigantesques. Tous ces modes de répartition des charges civiles sont vicieux, parce que l'individu n'y retrouve pas sa liberté subjective, sa volonté.

De nos jours, les charges auxquelles l'individu est astreint, se réduisent presque toujours à de l'argent. Le service militaire est presque la seule obligation personnelle.

L'État achète tout ce dont il a besoin. L'impôt, dont le caractère est d'être consenti, se prélève en argent, et l'argent est la mesure universelle de la valeur, ce qui assure bien mieux qu'autrefois l'égalité de répartition.

Dans le pouvoir législatif comme totalité sont compris

le pouvoir monarchique qui a mission de décider souverainement, le pouvoir administratif ou dirigeant, et enfin l'élément parlementaire.

C'est par une fausse conception de l'Etat, que l'on exclut des corps législatifs les membres du gouvernement, comme le fit l'Assemblée constituante française. En Angleterre, les ministres doivent faire partie du parlement. Pousser à l'extrême la séparation des pouvoirs de l'Etat, c'est compromettre son unité.

L'élément parlementaire n'est pas l'unique garantie de la prospérité publique et de la liberté raisonnable.

Les autres institutions de l'Etat, c'est-à-dire le pouvoir du prince, l'hérédité de la couronne, les tribunaux, sont des garanties tout aussi efficaces. Par le parlement, le moment subjectif de la liberté générale, les vues propres des membres de la société civile, arrivent à l'existence, dans leur rapport à l'Etat. Il ne faut pas concevoir le gouvernement et le parlement comme essentiellement hostiles l'un à l'autre. Le gouvernement n'est pas un parti, et l'impôt qu'on lui vote n'est pas un don qu'on lui fait.

Le parlement est l'organe médiateur, destiné d'un côté à empêcher que la puissance du prince ne s'isole à l'extrême, et de l'autre, à donner un corps aux intérêts particuliers des communes, des corporations, et des individus, à remédier au désaccord possible entre ces deux termes.

La Constitution est essentiellement un système de médiation. Dans les Etats despotiques, où il n'y a que le roi et le peuple, la foule, quand il lui arrive d'agir, se rue comme un flot destructeur contre l'organisation sociale. Ordinairement, l'arbitraire du despote fait plus de victimes dans son entourage immédiat, que parmi la foule. Les impôts aussi sont moindres que chez les peuples sagement organisés, où ils s'élèvent en proportion de la bonne organisation de l'Etat. Ainsi, nulle part les impôts ne sont aussi élevés qu'en Angleterre.

L'Etat général affecté au service du gouvernement s'occupe des intérêts généraux; l'Etat privé qui comprend tous les autres, arrive dans l'élément parlementaire du pouvoir législatif à une signification et à une activité politique.

L'un des Etats de la société civile est particulièrement susceptible d'être constitué politiquement. C'est la classe des grands propriétaires ruraux, qui avec celle des paysans, constitue l'État substantiel, fondamental, le plus rapproché de la vie naturelle.

Pour prendre le caractère politique, cet Etat devra être indépendant du salaire de l'Etat, de l'insécurité du trafic, de la recherche du gain et des mutations de la propriété, de la faveur du gouvernement et de la multitude, et être même protégé contre ses propres caprices. Il y aura donc lieu dans un but politique de ne pas autoriser ses membres à disposer librement de tous leurs biens, et de constituer des *majorats*. — Mais cette exigence n'a de sens que chez les nations qui jouissent de véritables institutions politiques. Partout ailleurs elle n'est qu'une entrave à la liberté du droit privé. Pour cette fraction de l'État substantiel, ce sera donc la naissance et non le choix qui appellera les individus à la vie publique.

A l'autre côté de l'élément parlementaire correspond le côté mobile de la société civile, qui à cause du grand nombre de ses membres, ne peut s'exprimer que par des délégués. — C'est une fausse vue démocratique que de penser que tous doivent être appelés à délibérer, et à prendre des résolutions, quant aux affaires générales de l'Etat, parce que tous sont membres de l'Etat, et que les affaires de l'Etat sont les affaires de tous.

L'Etat est un tout organique. Chaque membre de l'Etat est en même temps membre de l'un des États de l'Etat, c'est-à-dire de l'un des éléments du tout. Ce n'est donc qu'avec ce caractère, et sous ce rapport, qu'il doit figurer dans l'Etat. L'individu trouve son rapport réel et vital à l'universalité, dans sa corporation, sa commune, et dans l'influence que son mérite a su lui conquérir dans cette sphère. L'opinion que tous doivent prendre part aux affaires de l'Etat, suppose évidemment que tous possèdent la capacité nécessaire, ce qui est absurde. Savoir ce que l'on veut, ou plutôt ce que la raison veut, exige une culture et des connaissances qu'il ne faut pas attendre du peuple, en entendant par peuple une certaine fraction de citoyens.

Déléguer des représentants pour délibérer et prendre des décisions sur les affaires générales, indique de la part des représentés la confiance que leurs envoyés s'entendent mieux à ces affaires, et ne les suborneront pas aux intérêts particuliers des communes et des corporations. On ne saurait donc admettre des mandats impératifs pour des députés destinés à former une assemblée délibérante, active, vivante, où toutes les oppositions pourront se produire, et les opinions se modifier par la discussion.

L'élément parlementaire élu, procède de la partie mobile et changeante de la société civile. Il y aurait du danger à laisser le choix s'exercer sans aucune garantie. — Les députés doivent donc posséder une certaine fortune, et surtout avoir prouvé par leur passage aux emplois publics, ou autrement, leur connaissance des intérêts généraux et leur aptitude politique.

On se demande s'il y a intérêt à ce que parmi les députés se trouvent des représentants de chacune des grandes branches de la société, par exemple, du commerce, des fabriques, etc., qui en connaissent à fond les besoins. Mais chaque branche a vis-à-vis des autres ce même droit d'être représentée.

Les députés ne sont pas les représentants de la foule, ni des divisions fragmentaires de la société, mais de ses sphères essentielles, et de ses grands intérêts.

Représenter ne veut pas dire que l'un est mis à la place de l'autre, mais que l'intérêt est réellement présent dans le délégué.

Étendre outre mesure le droit de voter a cet inconvénient capital, surtout dans les grands États, d'entraîner l'indifférence à l'exercice de ce droit.

Le suffrage universel va bientôt contre son but, et par suite de l'abstention du plus grand nombre, l'élection devient l'œuvre d'un parti.

Les deux côtés contenus dans l'élément parlementaire correspondent à deux fonctions différentes qui exigent chacune un organe distinct : de là, les deux chambres.

Non-seulement cette division assure aux discussions et aux décisions une maturité plus grande, mais elle prévient un accord du moment, une mesure précipitée. L'élément parlementaire ainsi fractionné n'est plus posé vis-à-vis du Gouvernement d'une manière aussi directe, et la médiation devient plus facile en cas de dissentiment.

La mission du parlement étant non point de traiter les affaires générales mieux que le monarque et les ministres, mais de faire que les membres de la société civile prennent part à la vie politique, les discussions doivent arriver à la connaissance de tous les citoyens.

La publicité des débats parlementaires est un grand spectacle, propre à l'éducation politique des citoyens, qui y apprennent à mieux juger de leurs véritables intérêts. — C'est à tort qu'on les représente parfois comme un verbiage sans portée qui ne fait qu'exprimer ce qui est déjà à la connaissance du public. C'est par eux que se développent les talents et les vertus politiques. Les luttes parlementaires sont sans doute pénibles pour les ministres qui ont à résister à des attaques éloquentes et passionnées, mais il n'y a pas à comparer pour l'intérêt que prennent les citoyens aux affaires de l'État, une nation sans parlement ou sans publicité des débats de son parlement, avec une nation où le système parlementaire est entièrement en vigueur.

La liberté subjective que possèdent les individus comme tels, de donner leur avis sur les affaires générales, s'exprime par l'opinion publique.

L'opinion publique est une manière *inorganique* de reconnaître la pensée et la volonté d'un peuple. Sa puissance, grande de tout temps, s'est accrue de nos jours, où le principe de la liberté de l'individu a acquis plus d'importance.

On trouve tout dans l'opinion publique, le vrai et le faux, la raison et les préjugés, l'ignorance et la science, et elle mérite tour à tour d'être honorée et méprisée. — Aussi, si l'on a pu dire d'un côté, et non sans raison :

Vox populi, vox Dei,

l'assertion contraire exprimée par les vers suivants de l'Arioste n'est pas moins soutenable :

Che in volgo ignorante ogn'un riprenda
Et parla piu di quel che meno intenda.

Un grand esprit a demandé s'il n'est pas permis de tromper un peuple. — On peut répondre qu'un peuple ne se laisse pas tromper sur ses intérêts essentiels, mais qu'il se trompe souvent lui-même dans la manière de les traiter.

Démêler le vrai dans l'opinion publique est la tâche du grand homme. Celui qui prononce le mot que tous ont sur les lèvres, qui accomplit ce que veut réellement son temps, est le grand homme de son temps.

L'opinion publique se manifeste particulièrement par la presse. Définir la liberté de la presse, la liberté de dire tout ce qu'on veut, n'est pas plus raisonnable que de définir la liberté en général, la liberté de faire tout ce qu'on veut. Il faut reconnaître cependant que la réglementation en cette matière est extrêmement délicate. L'outrage envers les autorités, le mépris de la loi, l'excitation à la révolte, au pillage, etc., diffèrent essentiellement de gravité selon leurs conséquences possibles, qui dépendent évidemment de l'état des esprits. Une étincelle tombant sur un amas de poudre détermine une explosion; tombée sur le sol, elle s'évanouit sans laisser de trace. La répression doit donc se proportionner aux circonstances.

Plus les débats parlementaires seront sérieux, éloquents, et féconds en résultats, plus l'importance de la presse diminuera, car tout ce qu'elle pourra y ajouter sera à peu près sans valeur. Le mépris public suffira alors, dans presque tous les cas, à faire justice du mensonge et de la haine qui s'exprimeront par la voie des journaux et des libelles. C'est la *Némésis* de l'ignorance et de l'impuissance, qu'il faut savoir tolérer le plus possible. Le triomphateur romain ne s'inquiétait pas des injures des soldats qui suivaient son char.

L'État, comme individualité, est sans cesse exposé à être attaqué ou détruit ; le premier devoir des citoyens est de maintenir cette individualité, même au prix de leur vie et de leurs biens. C'est là le côté moral de la guerre. On représente souvent la paix perpétuelle, comme l'idéal où l'humanité doit tendre. Kant a imaginé une ligue de princes destinée à prévenir les contestations entre les différents peuples, et la Sainte-Alliance se crut appelée à devenir ce tribunal suprême [1]. Mais chaque État est individualité, et l'individualité contient essentiellement la négation. Si un groupe d'États arrivait à former une famille ou une confédération, cette individualité nouvelle se trouverait en contact avec d'autres individualités, et engendrerait bientôt l'hostilité. Le projet de Kant suppose entre les divers États un accord préalable, que les différences de mœurs, de religion, rendent actuellement impossible. D'ailleurs, dans une paix prolongée, l'activité s'émousse, les particularités individuelles prennent de plus en plus d'importance. Or, la santé d'un corps exige son unité. Les nations déchirées par la discorde peuvent aussi retrouver par la guerre le repos intérieur. On peut la comparer

1. Kant, *Doctrine du Droit*, p. 280. Trad. de M. Barni.

à l'agitation des vents qui empêche la mer de se corrompre par une stagnation continue. Elle amène sans doute l'insécurité et l'instabilité dans les intérêts du moment, mais tout cela n'est autre chose que le mouvement qui est nécessaire. Par la guerre, la vie, la propriété, les intérêts particuliers des individus sont posés pour ce qu'ils sont en effet, c'est-à-dire comme finis, accidentels, vis-à-vis de la puissance et de la durée de la substance générale.

La défense de l'État exige une force publique permanente. La profession militaire a le caractère général. Son essence est le sacrifice pour l'existence de la nation. Il y a plusieurs sortes de courage. La fougue de l'animal, du brigand, la susceptibilité pour le point d'honneur, la vaillance chevaleresque n'en donnent pas encore la véritable notion. Chez les peuples civilisés, le vrai courage est la disposition au sacrifice pour le service de l'État, que l'individu montre en se subordonnant à l'ensemble, c'est-à-dire, la discipline. Dans l'Inde, cinq cents Européens battaient vingt mille indigènes, qui n'étaient point lâches, mais qui manquaient de cohésion.

C'est le contenu, le but qui donne au courage son sens et sa valeur. Le brigand, l'assassin, le flibustier exposent leur vie pour commettre des crimes. Dans le monde moderne, l'individu ne combat plus comme individu ; le courage personnel ne se manifeste pas comme personnel. C'est comme membre d'un tout que le soldat agit contre un tout qui lui est opposé. L'invention des armes à feu a puissamment contribué à donner au courage individuel cette forme nouvelle et générale.

L'État, parce qu'il est individualité, possède une tendance au dehors. — Son rapport avec les autres États tombe dans la puissance du prince, qui commande les armées, envoie des embassadeurs, conclut les traités, décide de la paix et de la guerre.

Dans presque tous les États européens, c'est le sommet individuel, le prince, qui règle les rapports avec l'extérieur. Là où il existe des parlements, on se demande si le soin de décider la paix ou la guerre doit leur appartenir. En tout cas, ils influent puissamment sur la résolution à prendre par le vote des subsides. Ainsi, en Angleterre par exemple, il est impossible au gouvernement d'entreprendre une guerre impopulaire.

Il ne faut pas croire que des peuples ou des assemblées soient moins susceptibles que des rois ou des ministres de se décider par passion. Souvent, en Angleterre, l'opinion publique a imposé au gouvernement d'entreprendre une guerre à laquelle il se refusait. La popularité de Pitt tint à ce qu'il sut toujours démêler et accomplir ce que la nation voulait réellement. Les relations extérieures sont le plus souvent si compliquées et si délicates qu'elles ne peuvent être avantageusement traitées que par le gouvernement.

LE DROIT PUBLIC EXTÉRIEUR.

Le droit public extérieur naît du rapport des États les uns avec les autres. Mais des peuples ne sont pas des personnes privées ; aussi leurs relations sortent du domaine du droit privé.

Un peuple est une individualité indépendante et souveraine. Comme tel, son droit premier et absolu est d'être reconnu par les autres. Car, de même qu'un individu ne peut se passer de rapports avec les autres individus, de même l'État ne peut être conçu qu'en relation avec les autres États. Il n'est même vraiment complet que par la reconnaissance qu'ils font de lui, et qu'il fait d'eux. On peut se demander jusqu'à quel point un peuple nomade ou tout à fait dépourvu de civilisation peut être considéré comme formant un État. Parfois, les haines religieuses entre nations sont si fortes qu'elles n'admettent pas cette identité générale que comporte une reconnaissance réciproque. (Voir l'histoire des Juifs et des peuples mahométans.

Quand Napoléon s'écriait aux conférences qui précédèrent la paix de Campo-Formio :

« La République française n'a pas besoin qu'on la reconnaisse ; elle est comme le soleil. Aveugle qui ne la voit pas ! »

il exprimait avec vivacité ce droit de chaque peuple à l'existence, qui n'a pas besoin d'être écrit.

Les rapports entre nations revêtent la forme de contrats, d'un contenu moins varié que celui des contrats entre membres de la société civile, car, en général, chaque peuple forme une individualité qui se suffit à elle-même. Ces contrats sont les traités, qui ne sont pas juridiques de fait, mais qui *doivent* l'être. — C'est là le *droit des gens*, dont le principe général est la *non-intervention*. Mais aucun pouvoir juridique n'existant au-dessus des peuples pour prononcer et faire exécuter le droit, leurs conventions restent sans sanction, et leurs conflits ne peuvent être tranchés que par la guerre.

Le bien d'un État est son bien comme État particulier, dans les conditions qui lui sont propres, et selon les circonstances où il se trouve placé. Le gouvernement est donc une sagesse particulière, et non une providence universelle; et dans ses relations avec les autres États, il poursuit un intérêt particulier, et non la réalisation d'une pensée générale (philanthropique).

On parle beaucoup de l'opposition de la morale et de la politique. A ce sujet, il faut observer que l'intérêt de l'État rend nécessaires des droits d'une tout autre étendue que ceux de l'individu. L'État a donc des droits spéciaux que nul autre ne peut exercer [1].

1. La vraie politique ne peut faire un pas sans avoir auparavant rendu hommage à la morale; et si la politique est par

Même durant la guerre, c'est-à-dire durant cet état d'absence du droit, de violence et d'accident, les peuples par cela qu'ils se sont reconnus réciproquement, conservent un lien qui les unit, et dont l'existence pose la guerre comme quelque chose de passager. De là, le respect pour les parlementaires, pour les institutions, pour la famille, et la vie privée.

Les guerres modernes sont généralement conduites avec humanité. Il n'y a plus de haine d'individu à individu. Ces inimitiés personnelles peuvent tout au plus se retrouver aux avant-postes, mais dans l'armée en tant qu'armée, l'inimitié n'est plus que quelque chose de général et d'indéterminé.

L'esprit universel est la substance des esprits nationaux, il est en même temps leur négation. Il exerce sur eux sa juridiction souveraine en les détruisant par la guerre en tant qu'ils ne réalisent pas le droit et la raison, l'état absolu, parfait, qui est le terme du mouvement des peuples.

L'histoire du monde est donc en même temps la justice universelle.

elle-même un art difficile, jointe à la morale elle cesse d'être un art, car celle-ci tranche les nœuds que celle-là ne peut délier. (Kant, *Doctrine du droit*, p. 330.)

L'HISTOIRE UNIVERSELLE

L'élément de l'existence de l'esprit universel, qui est dans l'art intuition et image, dans la religion sentiment, dans la philosophie pensée pure et libre, est dans l'histoire du monde réalité spirituelle dans tout son domaine intérieur et extérieur.

L'histoire n'est pas une série d'accidents fortuits, et le mouvement d'une aveugle nécessité, mais le développement de l'esprit universel dans le temps, l'évolution par laquelle il arrive à se connaître lui-même, à se donner la conscience de la liberté qui est son essence.

Ceux qui ont parlé de la perfectibilité et de l'éducation du genre humain, ont pressenti que le γνωθί σεαυτόν est la loi de l'esprit qui le pousse à se développer et à se reconnaître pour ce qu'il est. Pour ceux qui rejettent cette idée, l'esprit humain est un mot vide de sens, et l'histoire un jeu insignifiant de passions et de catastrophes. La croyance à un plan providentiel suppose le même principe.

La justice et la vertu, l'iniquité et la violence, les vices et les talents, les actions personnelles, les grandes et les petites passions, le crime et l'innocence, la grandeur de la vie publique ou individuelle, l'indépendance et les destinées des nations et des individus, ont leur sens et leur valeur dans la sphère de la réalité et y trouvent leur jugement. L'histoire universelle s'élève au-dessus de ces points de vue.

Les degrés du développement de l'esprit universel dans le temps, comme principes naturels immédiats, sont les esprits particuliers des peuples. Chacun de ces grands ensembles appelés peuples a sa forme d'esprit distincte, son existence géographique et anthropologique. L'esprit d'un peuple est nécessairement limité. C'est cette limitation qui fait sa nationalité.

L'esprit du monde pose dans chacune de ces formes un sentiment de soi. Son unité se différencie dans leur multiplicité.

Lorsque l'esprit universel arrive dans un peuple à un degré supérieur, ce peuple représente son époque et la domine. Les autres nations sont vis-à-vis de lui sans droit. Celles qu'il a dépassées ne comptent plus dans l'histoire du monde.

L'histoire particulière de chaque peuple est l'histoire de l'idée qu'il est appelé à représenter. Dès qu'il l'a réalisée, sa décadence commence et rien ne saurait l'arrêter.

A la tête de tous les événements décisifs de l'histoire, se trouvent des individualités souveraines, les grands hommes qui accomplissent les idées de leur époque, souvent sans en avoir conscience, et sans deviner le but où ils tendent; car les grands événements sont l'œuvre des siècles : l'individu les réalise, mais ne les fait point.

Un peuple n'est pas tout d'abord un État. Ainsi, une horde, une famille, une tribu, une foule ont bien des degrés à parcourir avant de s'élever à la forme de l'État. Dans ces conditions, un peuple n'a pas encore droit à être reconnu par les autres. Ses lois n'ont pas revêtu le caractère objectif; son indépendance n'est pas souveraineté. La vie patriarcale s'écoule dans une innocence inerte, ou dans les luttes et les vengeances intestines.

Les institutions sociales sont représentées par certaines traditions comme des bienfaits apportés par les dieux, ou comme des lois imposées par la force; c'est là le droit divin de l'idée, le droit des héros à la fondation des États.

Les idées concrètes, les esprits des peuples ont leur vérité et leur rapport dans l'esprit du monde, l'idée universelle dont ils réalisent les desseins et dont ils font éclater la splendeur. Quatre principes, auxquels correspondent autant de périodes historiques, ont présidé surtout à ce développement.

Le premier principe, comme manifestation immédiate de l'esprit universel, fut la substance, c'est-à-dire l'identité dans laquelle l'individualité était contenue comme ensevelie dans son essence.

Le second principe est la substance arrivant à la conscience de soi, et se réalisant sous la forme de la belle individualité morale.

La troisième principe est le développement plus profond de la conscience de soi, qui se constitue par l'opposition de l'universalité et de l'individualité.

Dans le quatrième principe, l'opposition précédente a cessé. L'esprit aspire à posséder sans voiles la vérité morale et la science.

Quatre périodes, ou mondes historiques, se sont succédé pour réaliser ces principes; ce sont : le monde oriental, le monde hellénique, le monde romain, le monde germanique.

LE MONDE ORIENTAL

Dans cette organisation qui procède de la vie patriarcale, le gouvernement est théocratie, le souverain est Dieu ou grand prêtre, la législation est religion. Le droit de l'individu disparaît dans celui de la famille; le droit de la famille dans celui de l'État; le droit de l'État dans celui du prince. La nature existe comme immédiatement divine, ou comme l'ornement de la divinité. L'histoire ne se distingue pas de la poésie, les castes se constituent, et la nation pétrifiée ne sort de son immobilité que pour se répandre au dehors comme un élément destructeur. La vie privée est monotone et ensevelie dans la mollesse et la torpeur.

LE MONDE HELLÉNIQUE

En Grèce, cette unité substantielle du fini et de l'infini se continue, mais sous la forme de souvenir confus et mystérieux, de symboles et d'images. L'individualité arrive peu à peu à l'indépendance, dans une vie politique et sociale, libre, sereine, ennoblie par le sentiment du beau. Chacun des peuples grecs exprime à des degrés différents cette tendance de l'esprit humain à s'émanciper de la nature et de la théocratie. Toutefois l'absorption de l'individu par l'État est trop grande encore, et le travail reste le lot des esclaves.

LE MONDE ROMAIN

Cette époque se caractérise par la lutte de la personnalité libre sous forme démocratique contre l'aristocratie dès longtemps constituée. L'aristocratie, dure, superstitieuse et cupide, la plèbe bientôt corrompue et dégradée font place à une vie sociale où les individualités des peuples viennent expirer dans l'unité du panthéon romain, où l'égalité dans l'État des personnes et des choses finit par s'établir sous la tutelle d'un monstrueux despotisme.

LE MONDE GERMANIQUE

Les dieux particuliers des peuples ont fait place au Dieu universel. Le christianisme a réconcilié la nature divine et la nature humaine. Il s'est produit au milieu de la décadence du monde romain; mais les peuples du Nord, par le sérieux et la profondeur du sentiment, étaient surtout destinés à recevoir et à répandre l'esprit nouveau; leur mission est de le réaliser dans le monde social, de donner au genre humain la science, la vérité, la liberté universelle [1].

1. Voir pour les développements : Hegel, *Philosophie de l'histoire.*

FIN

TABLE DES MATIÈRES

PREMIÈRE PARTIE

L'IDÉE DU DROIT — LE DROIT ABSTRAIT

DEUXIÈME PARTIE

LA MORALITÉ

TROISIÈME PARTIE

LA VIE SOCIALE

FIN DE LA TABLE DES MATIÈRES

IMPRIMERIE L. TOINON ET Ce, A SAINT-GERMAIN.

www.ingramcontent.com/pod-product-compliance
Ingram Content Group UK Ltd.
Pitfield, Milton Keynes, MK11 3LW, UK
UKHW031910260826
14628UKWH00003B/1101

9 782019 137571